Ensemble mais seuls

Dr Christophe Fauré

Ensemble mais seuls

Apprivoiser le sentiment de solitude dans le couple

Albin Michel

« La solitude est une tempête de silence
qui arrache toutes nos branches mortes. »

Khalil Gibran

1

La solitude-isolement

J'ai quitté mon mari parce que je me sentais seule dans mon couple. J'ai vécu en solo pendant quelques années et puis j'ai rencontré mon compagnon. Cela fait quatre ans que nous sommes ensemble et je ressens à nouveau ce sentiment de solitude, de façon quasi identique. C'est un peu troublant. J'en arrive à croire que mon mari n'avait rien à voir avec tout ça. Je ne comprends pas ce que je ressens actuellement, mais je sais que cette fois je ne vais pas le quitter !

Je crois que mon couple est usé par le quotidien. Mon compagnon ne fait plus attention à moi. J'ai l'impression d'être transparente. Les gens, à l'extérieur de notre couple, le remarquent, mais lui, alors qu'il vit avec moi et qu'il est censé bien me connaître, ne s'en aperçoit pas. Ça me plonge dans une terrible solitude. Je pense que le jour où je ne supporterai plus cette situation, je le quitterai et je suis certaine qu'il paniquera et qu'il ne comprendra pas les raisons de mon départ.

Curieux constat, n'est-ce pas ? On s'aime, on décide de vivre ensemble, on y croit dur comme fer et pourtant, après quelques années, un insidieux malaise s'installe : on est ensemble et, malgré tout, on se sent parfois très seul. Pour certains, ce ressenti n'est qu'un voile passager, un bémol transitoire – et sans conséquence – dans l'harmonie du couple. Pour d'autres, ce vécu de solitude devient une pénible réalité qui imprègne chaque recoin du quotidien. Et ça fait mal.

De quoi s'agit-il exactement ? Quelle est la nature de cette solitude ? Qu'exprime-t-elle ? Comment la comprendre ? Que révèle-t-elle ? Est-elle inéluctable ? Est-ce une anomalie de parcours dans la relation ? Et surtout, quand elle est là, comment y faire face ?

Cet ouvrage va tenter de répondre à ces questions afin d'éviter le pire. La solution la plus radicale serait de se dire : « OK, ça ne fonctionne plus : quittons-nous ! » C'est dans l'air du temps : on décide de mettre un terme à la relation dès qu'elle ne correspond plus à nos attentes – la recrudescence des divorces est un reflet de cette tendance. Certes, se quitter est une solution parfois tout à fait légitime pour sortir d'une situation invivable mais, si je me réfère aux hommes et aux femmes que j'ai interrogés pour préparer cet ouvrage, bien peu en fait avaient envie de quitter leur partenaire. Ils souffrent de ce ressenti de solitude au sein même de leur couple, mais ils tiennent à ce qu'ils ont réussi à construire ensemble. Tout ce qu'ils souhaitent, c'est de pouvoir y remédier.

C'est de ce souhait que je voudrais partir avec vous. Nous n'allons donc pas parler de rupture, même si parfois nous explorerons des situations où nous serons à la limite de l'explosion. Nous allons poser le principe que votre relation est précieuse, par définition, en dépit de tout ce qui a pu l'abîmer depuis quelques années. Ce livre est une invitation à marquer un temps de pause pour regarder là où vous en êtes, l'un et l'autre. Il y a des choses que vous avez besoin de comprendre et de dépasser ensemble, sans vous sentir condamnés à une irrémédiable séparation.

Les prémisses d'une belle histoire

Il y a eu, un jour, l'intensité de ce premier regard qui s'est posé sur vous. Touchée, troublée, vous avez cru y lire l'intérêt, la tendresse, le désir et cela a suffi à remplir votre cœur de la douce angoisse de l'espoir naissant. Le soir de cette première rencontre, dans le doux refuge de votre oreiller, le sommeil avait du mal à vous arracher au flot fébrile de vos pensées. Et si c'était lui ? N'ai-je pas été trop maladroite? Va-t-il me rappeler? Lui, enfoui dans son propre oreiller, se faisait l'écho de vos interrogations: les mêmes peurs traversaient son esprit, les mêmes questions, les mêmes rêves qu'il n'osait se formuler de crainte d'avoir mal s'ils s'avéraient vains.

Il a rappelé, le lendemain ou deux jours plus tard, pour ne pas vous donner l'impression que, depuis votre rencontre, il ne pensait qu'à vous. Et vous vous êtes retrouvés. Ainsi, tout doucement, au fil d'un temps ponctué de dîners, de cinémas, de promenades, par cette mystérieuse alchimie qui entraîne deux êtres à se découvrir l'un l'autre, vous avez, sans le savoir, commencé à tisser la trame de votre histoire d'amour.

C'était il y a cinq ans, il y a dix ans. Aujourd'hui, vous êtes assise dans le canapé avec lui devant la télé. Il ne vous regarde pas. Il ne vous parle pas, il ne vous parle plus – ou si peu.

Et pourtant, vous l'aimez cet homme, malgré tout ce qui vous sépare; et vous savez que, à son étrange façon, il vous aime aussi. Alors vous repensez aux premiers instants de votre relation et un immense sentiment de solitude s'empare de votre cœur. Mon Dieu, que s'est-il passé? Qu'avons-nous fait de nous, de toutes nos promesses, de tous nos espoirs? Oui: qu'avons-nous fait de nous?

La solitude dans le couple ? Quelle solitude ?

Pour moi, me sentir seule avec mon conjoint, cela signifie être à côté l'un de l'autre et ne pas partager les mêmes choses ; c'est avoir l'impression de vivre nos deux vies séparés et que la rencontre ne se fait plus.

Je ne peux pas nier qu'il existe de bons moments entre nous. Je sais que mon mari m'aime à sa manière, mais ça n'a rien de passionné et je m'ennuie profondément. Je n'arrive pas à lui faire comprendre à quel point je me sens mal et, parfois, je suis tentée d'en venir à des gestes un peu extrêmes pour qu'il me prenne au sérieux.

Me retrouver seule dans mon couple, c'est presque comme vivre avec un handicapé mental : mon compagnon est bel et bien là, physiquement, à côté de moi, mais son esprit est ailleurs – je ne sais pas trop où –, je n'arrive pas à entrer en contact, à créer un lien. Et même si cela est possible, cela n'a que l'apparence de la normalité : on se côtoie, on se parle, mais j'ai l'impression qu'il n'y a pas de connexion entre nous.

Pour moi, la solitude dans mon couple, c'est l'impression que l'autre est « acquis » : on l'a, il nous appartient, il est dénué de sentiments, de pensées. Je voudrais que mon ami remarque quand ça ne va pas, qu'il me console, me propose des solutions pour avancer. J'ai l'impression qu'il ne s'investit pas dans notre couple. Le packaging est joli – un jeune couple, une belle maison, des beaux enfants – mais le colis est vide.

J'imagine que vous pouvez compléter ces témoignages avec des anecdotes issues de votre propre histoire. Ces récits ont tous en commun un vécu de solitude qui, même s'il existe de multiples façons de définir ce qu'est la solitude, apparaît, dans ce contexte, sous un jour bien spécifique. La solitude qui blesse et fait souffrir quand elle s'installe dans la relation, c'est celle qui résulte de la perte du lien avec son compagnon ou sa compagne. On ne sait pas comment cela s'est produit, on ne sait pas pourquoi, mais le constat est là : nous avons perdu le contact l'un avec l'autre. C'est ce sourd et douloureux vécu d'isolement au sein du couple que je vous propose d'appeler désormais la « solitude-isolement ».

La solitude-isolement frappe une relation qui s'est vidée, d'une façon plus ou moins importante, de sa substance et de sa raison d'être. Elle se pérennise, néanmoins, car on y tient encore, mais on assiste, impuissants, à cette lente – et irréversible ? – altération du lien sans pouvoir trouver en soi le désir, l'énergie ou les moyens d'inverser le processus. C'est la « mauvaise solitude », celle qui dresse, dans les cœurs, des murs infranchissables, celle qui coupe, réduit, diminue et qui conduit à l'abandon de l'autre – et de soi-même. Vous la voyez venir depuis quelque temps. Elle vous inquiète. Vous avez essayé d'en parler. Pour faire quelque chose. Pour que ça change. Pour comprendre, aussi.

> Je souffre de ne pas me sentir comprise par rapport à ce sentiment de solitude. Je souffre d'autant plus que mon mari a tendance à minimiser ce que je ressens. Quand je lui en parle, il me dit : « Ne dramatise pas. Tu n'as donc pas tout pour être heureuse ? » J'ai l'impression que la vie est assez simple pour lui, alors qu'à moi elle semble si compliquée. Je sens qu'il n'est pas hanté, comme moi, par cet énorme besoin de communiquer. De plus, il réagit très différemment de moi et souvent de façon différée. Il peut sembler complètement indifférent à cette situation, alors qu'elle le touche vraiment, mais il ne le montre que quand il n'en peut plus. Je n'arrive pas à comprendre ça.

Cela signifie-t-il que quelque chose est irrémédiablement brisé entre vous ? Que vous avez, l'un et l'autre, renoncé à vous retrouver et à renouer le lien ? Je ne crois pas. Si vous ressentez ce manque ou ce mal-être, c'est précisément parce qu'il existe en vous un authentique désir qui cherche à s'exprimer – mais il est, pour le moment, frustré dans son expression. Tout manque est révélateur d'un désir frustré. Ce désir, en l'occurrence, est celui du lien restauré avec cette personne que vous aimez.

Je vous propose, dans un premier temps, de nous focaliser sur le manque – ses fondements et ses modes d'expression – avant d'explorer le désir dans les chapitres suivants. En d'autres termes, le manque nous mènera au pourquoi de la solitude-isolement, le désir au comment la dépasser.

Certaines prises de conscience sont parfois un peu douloureuses, mais, au cours de votre lecture, ne perdez pas de vue le fil ténu de votre désir, votre aspiration à la restauration du lien entre vous et votre compagnon (compagne). Bien que votre relation soit peut-être aujourd'hui très fragile, si vous lisez ces lignes, c'est qu'il persiste en vous l'espoir qu'il peut en être autrement. Quelque chose en vous a confiance et vous dit que cela en vaut la peine. Cette aspiration est non seulement légitime, mais aussi réaliste, dans la mesure où vous œuvrez à comprendre ce qui a créé votre situation actuelle et décidez de mobiliser les efforts nécessaires pour y remédier.

L'attaque ou le retrait

Le sociologue Jean-Claude Kaufmann relève : « Les motifs de divorce chez les hommes sont liés à la baisse du désir physique. Les femmes, elles, expriment une insatisfaction plus profonde de ne plus exister en tant que personne (au sein de la relation), [avec l'impression] d'être devenues un rouage de la machine familiale[1] *. » Telle serait la conséquence de la perte de lien au sein du couple : l'impression de ne plus exister et de perdre son identité. Néanmoins, je ne crois pas que ce soit l'apanage des femmes. Dans mon expérience, qu'il s'agisse de couples homos ou hétéros, le sentiment de ne plus exister en tant que personne est unanimement rapporté comme étant la plus grande souffrance par des femmes comme par des hommes. C'est vrai : il n'y a pas pire violence que de se sentir dépossédé de son sentiment d'exister au monde en tant qu'individu propre. C'est un des piliers de toute existence humaine.

Quand nous nous sentons menacés sur des bases aussi fondamentales et que nous devons faire face à la détresse que provoque une telle menace de notre intégrité psychique, nous avons recours à un réflexe archaïque de protection, hérité de la nuit des temps, que les Anglo-Saxons appellent le *fight or flight* – le combat ou la fuite : soit je quitte la scène du conflit, j'abdique, je déserte, je divorce, soit je monte au créneau, je me bats, j'attaque, je riposte.

Fight...

J'attaque. Mais je le fais parfois avec une telle violence que j'oublie presque qui se trouve en face de moi. J'oublie que l'objet même de mon attaque est cette personne à qui j'ai, un jour, donné ma vie. J'oublie le pouvoir destructeur des mots qui sortent de ma bouche et, après coup, je cherche à minimiser leur impact, parce que l'autre est dévasté. Je ne souhaite pas fondamentalement lui faire mal, mais j'attaque parce que j'ai mal.

1. Kaufmann J.-C., *La Femme seule et le prince charmant*, Nathan, 1999.

* Pour une liste complète de références, voir Annexe, p. 251.

J'ai l'impression que mon mari ne répond pas à mes attentes ni à mes besoins. Ma frustration à vivre cette situation se traduit chez moi par de la colère. La tristesse et la déprime me rendent agressive et méchante avec lui.

Je souffre de son indifférence ; je suis parfois en colère et provocatrice à son égard. Parfois, je peux être hostile, méprisante ou ironique ; d'autres fois je suis résignée et silencieuse.

Vous vous levez du canapé, furieuse, frustrée, blessée. Il reste là, silencieux, les yeux rivés à la télévision. Vous ne savez pas trop s'il regarde l'écran. Est-il réellement absent ou se trouve-t-il, lui aussi, en état d'alerte, sur la défensive, calé dans la ferme résolution de rester impassible, intouché, déconnecté ? Et il suffit d'un rien pour que tout éclate : la poubelle qui déborde, la stérilité de cette vie sans horizon. Face à vos reproches, lui, aussitôt, riposte : il est fatigué de sa semaine de travail, il en a marre de se sentir harcelé, il voudrait faire l'amour et, sans cesse, il doit ravaler son désir parce que ce n'est jamais le bon moment pour vous. Et, à nouveau, c'est le même flot de colère, de frustration, d'hostilité, d'agressivité, de méchanceté, de provocation, d'indifférence, de mépris, d'ironie, de cynisme. Chacun en ressort meurtri. Après chaque nouvelle dispute, vous vous retrouvez, tous les deux, vidés émotionnellement, épuisés et désabusés.

Dans le meilleur des cas, vous trouvez refuge dans l'abandon d'un câlin salvateur. Il vous donne, pour un temps, l'impression du lien retrouvé, même si vous vous sentez toujours blessée intérieurement. Sinon, quand cette tentative de rapprochement mutuel échoue, un lourd silence s'installe. Vous vous brossez les dents, vous vous couchez l'un à côté de l'autre en prenant soin de ne pas vous effleurer. Vous éteignez la lumière et gardez les yeux grands ouverts dans le noir en vous demandant ce qui s'est passé. Vous tentez alors de chasser hors de vous le souffle glacé de la solitude. « Allez. Dors maintenant. Ça ira mieux demain. Peut-être. »

… *ou flight : le dangereux refuge du silence*

Et pourtant, aucun de vous ne souhaite souffrir. Personne n'aspire à la souffrance et nous sommes tous prêts à mettre tout en œuvre pour contrecarrer et annuler en nous la souffrance, quel que soit le prix à payer. Ce désir de ne pas souffrir, aussi légitime soit-il, nous conduit parfois à emprunter des chemins de traverse ou à nous engouffrer dans des impasses relationnelles où, finalement, nous nous enlisons. On choisit le *flight*, la fuite, le retrait, le silence en espérant que cette stratégie de protection va mieux fonctionner que la précédente. C'est peine perdue car, au bout d'un certain temps, un triste constat s'impose : la solution à la souffrance devient, au bout du compte, un problème en soi ! Cette « solution-impasse » n'est pas un choix volontaire : plutôt un choix par défaut, comme si le silence était le seul et unique refuge envisageable pour continuer à vivre la relation.

Garder le silence pour esquiver le problème par le non-dit

Choisir le silence va de pair avec « faire comme si » – comme si tout allait bien, comme s'il n'y avait pas de problème. Comme si, en ne disant rien, la situation pouvait s'améliorer d'elle-même, spontanément, comme par magie. Cela ressemble à la « pensée magique » de l'enfance, pourtant on veut y croire : on veut se persuader que, si on ne dit rien du malaise ambiant, il finira par cesser d'exister, par le simple fait qu'on ne le nomme pas.

Certes, passer sous silence les petites vexations ou contrariétés mineures du quotidien est de l'ordre de la sagesse ; c'est le reflet de l'accord tacite de non-agression que nous signons implicitement avec ceux que nous aimons. Mais quand le silence et le non-dit deviennent une façon d'être ensemble et un mode privilégié de communication (ou plutôt de non-communication), il y a manifestement problème : le silence devient assourdissant car il hurle la frustration de chacun. Pourtant, nous espérons, avec une certaine innocence, que les problèmes vont se résoudre tout seuls : on mise sur les vacances, un déménagement, la naissance du petit dernier ou tout événement susceptible de faire diversion ; on mise sur le temps qui passe comme s'il avait, par lui-même, un quelconque pouvoir thérapeutique. Or ce qui est vrai pour un bon vin dans le silence d'une cave voûtée ne l'est pas pour la solitude-isolement : le temps qui passe dans le non-dit ne bonifie pas la relation, il la rend aigre et indigeste.

Mais attention, il ne faut pas oublier que certain(e)s préfèrent attendre, avant d'énoncer quoi que ce soit. Tout simplement parce qu'ils ne sont pas très sûrs de ce qu'ils auraient à dire ou à revendiquer ! Ils ont, bien sûr, identifié en eux un réel malaise, mais ils ne savent pas quoi en dire. Faute de s'y arrêter et de sérieusement le prendre en compte, ce ressenti reste en eux trop flou et imprécis et beaucoup craignent de ne pas savoir s'expliquer clairement si leur conjoint les pousse dans leurs retranchements en exigeant des explications plus approfondies. Ils restent donc en phase d'observation, en espérant trouver, au fil du temps, suffisamment d'arguments pour enfin monter au créneau et exposer leurs griefs. C'est une position compréhensible, dans la mesure où ils parviennent finalement à passer à l'acte, mais force est de constater que beaucoup diffèrent indéfiniment cet aveu et se retrouvent au même point, muets et frustrés, dix ans plus tard !

Ceci soulève la question du bon timing pour aborder le sujet délicat de la solitude-isolement. En effet, on garde le silence car on ne se sait jamais si c'est le bon moment de dévoiler l'objet de son tourment, soit à cause des circonstances extérieures qui font que ce n'est pas possible dans l'instant, soit à cause d'un état psychologique tel qu'on se sent trop happé émotionnellement, au point de ne pas être véritablement disponible pour établir un dialogue constructif.

> J'ai essayé d'expliquer en détail ce que je ressentais à mon mari, mais ça ne marche pas très bien car, trop souvent, je me lance dans de telles explications alors que je suis déprimée, or la dépression me rend agressive. De ce fait, mon mari se protège et ne m'écoute pas vraiment.

Garder le silence par peur d'ouvrir des vannes qu'on ne pourrait pas refermer

On a beau se sentir mal, on n'est pas fou ou inconscient pour autant! En prenant le risque de nommer à son conjoint la solitude-isolement, on redoute de réveiller des démons dont on ignore la puissance; on craint de ne pas maîtriser le flot des émotions ou de prononcer des paroles qu'on regrettera au moment même où on les énonce. On craint de se trouver précipité dans une situation de non-retour qu'on ne souhaite pas. Le silence est alors une façon de juguler la peur de l'inconnu. Nous ne voulons pas déclencher une hasardeuse réaction en chaîne dont nous risquerions de perdre le contrôle.

> Souvent il me demande: « Ça va? » et je m'entends lui répondre: « Oui, ça va. – Tu es sûre qu'il n'y a rien? – Non, non, rien. » Ça me rend folle de réagir comme ça; j'aurais envie de lui parler et de lui dire ce que j'ai sur le cœur mais j'ai peur d'ouvrir la boîte de Pandore.

Pire encore: on craint, si on parle, d'être remis en question par l'autre. Dans notre for intérieur, nous savons que nous sommes, de près ou de loin, coresponsable de la situation. Même si cela nous chiffonne de le reconnaître, il est totalement impossible que la relation en soit arrivée là sans que nous ayons une part de responsabilité, aussi minime soit-elle, dans le cours des événements. Ainsi, nous optons pour le silence car nous craignons que l'autre, confronté à nos reproches ou à nos questionnements, pointe, à son tour, certains de nos dysfonctionnements, là où nous contribuons activement au problème du couple et là où nous ne sommes pas clairs à 100 %... Ainsi, par peur d'être mis au pied du mur de nos errances et de nos contradictions, nous nous taisons.

Garder le silence pour ne pas prendre le risque d'être fragilisé ou vulnérabilisé

Lisons ce que le psychiatre Serge Hefez écrit : « Chacun connaît le point faible de l'autre inconsciemment. Il fait écho à une propre vulnérabilité, c'est pour cela que l'un et l'autre se sont choisis. Cette complémentarité est à la base d'un pacte, véritable troc implicite de faiblesses. Chacun connaît implicitement le point faible de l'autre, pressent que cette faiblesse est complémentaire de l'un de ses propres points faibles et le couple s'accorde pour qu'aucun ne le mentionne jamais [...]. Ce pacte [...] est un accord implicite de ne pas parler de ce qui fâche chez l'autre[1]. »

Notre conjoint est, a priori, une des rares personnes devant laquelle nous acceptons de nous montrer vulnérable. Il connaît nos fragilités et nos marécages intérieurs. L'harmonie de la relation repose d'ailleurs sur le respect de ces territoires intimes. Comme notre conjoint est dépositaire de cette délicate connaissance à notre sujet, nommer la solitude-isolement nous rend incontestablement plus fragile. En effet, comme cet

1. Hefez S., *La Danse du couple*, Hachette, 2002.

aveu contient, qu'on le veuille ou non, une part de reproches (et aussi d'agressivité) à son égard, nous anticipons une possible riposte. La réticence à nommer la solitude-isolement renvoie à la peur – fondée ou non – que notre conjoint « profite » de ce qu'il sait de nous pour nous attaquer, à son tour, dans les zones de vulnérabilité que nous avons pris le risque de lui dévoiler. On redoute de prêter le flanc et d'ouvrir une brèche où, dans nos pires scénarios, il va s'engouffrer pour nous asséner le coup de grâce. Ou encore, on craint d'être manipulé et retourné comme une crêpe car il se jouera habilement de nos fragilités intérieures.

Certes, c'est une vision un peu « parano » des risques encourus, mais si elle fait écho en vous, cela mérite que vous y prêtiez attention. Si vous ressentez une crainte telle que vous hésitez à parler à votre conjoint, il y a problème car cela pose la question de votre sécurité psychique au sein de votre couple. Il se peut que vous soyez sous l'influence de la peur et cela peut signifier que l'intime de votre couple est fortement abîmé et que la perte de lien d'amour est réelle, si ce n'est irréversible. Ce n'est peut-être pas le cas, mais si cette situation vous évoque quelque chose de connu, faites le point pour savoir jusqu'où vous vous trouvez sous l'emprise de la peur. Car vous sortiriez là d'un simple enjeu de solitude-isolement.

Garder le silence pour ne pas perdre la face

La crainte d'être humilié est une autre motivation qui nous conduit au silence. On craint que le conjoint banalise, nie ou minimise la réalité de la souffrance qu'on lui exprime. Beaucoup se taisent car ils redoutent d'être tournés en dérision et que leur mal-être soit considéré comme la simple revendication d'un enfant pourri gâté qui ne mérite rien d'autre que d'être balayée d'un revers de la main.

> Quand je lui ai dit que je me sentais mal, il m'a répondu froidement : « Attends, tu as tout pour être heureuse ! Mais enfin, qu'est-ce que tu veux de plus ? Ton attitude est ridicule ! » Depuis ce jour, je me tais et je lui en veux à mort !

Il n'y a rien de plus blessant que de perdre la face. Il n'y a rien de plus douloureux que de ne pas être reconnu dans sa souffrance (quelle qu'elle soit). Une telle attitude ne signifie pas que votre conjoint est un être résolument odieux ou insensible, cela signifie que, pour lui (elle), de son point de vue, vos plaintes ou griefs au sujet de la relation n'ont aucun fondement. Certains partenaires sont certainement sincères quand ils affirment ne pas percevoir de problème. D'autres le sont moins car le déni reste, pour eux, la meilleure protection contre cette déplaisante interrogation de leur contribution au malaise du couple. On perçoit, en filigrane, leurs propres peurs d'être remis en cause. Quoi qu'il en soit, le résultat est le même : la relation continue à se dégrader et, du fait de l'absence de validation et de reconnaissance de la souffrance, le sentiment de solitude ne fait que croître. Comment parvenir à résoudre le problème si l'autre ne le perçoit pas comme tel ?

Garder le silence pour se prémunir de la violence des conflits

Il est une peur qui dépasse toutes les autres et qui peut, en elle-même, justifier tous les silences : la peur de s'exposer, encore et encore, à la violence inhérente aux conflits récurrents. Je ne parle pas là de la violence physique qui est une extrémité inacceptable (et qui appelle à des solutions radicales, sortant du cadre de cet ouvrage), mais de la violence psychique qui résulte des incessantes batailles qui usent émotionnellement le couple.

Qu'on ne s'y trompe pas néanmoins : les disputes conjugales font partie intégrante de la relation et il est même reconnu qu'il est sain pour un couple de se disputer. Non : ce dont je vous parle ici, ce sont ces disputes sanglantes qui tournent systématiquement au conflit destructeur. Les armes auxquelles l'un et l'autre ont recours, dans ces cas-là, sont la critique acerbe qui équivaut à un jet de vitriol sur l'estime de soi, la dérision qui réduit l'autre à l'impuissance, le mépris qui retire au conjoint sa dignité. Autant de signes qui marquent une grave perte du respect mutuel. Personne n'en ressort indemne. Et quand bien même l'un ou l'autre des partenaires se donne toutes les raisons pour justifier un tel déferlement de haine ou de rancœur, rien de bon n'en ressort jamais. Une épouse, par exemple, peut être convaincue qu'en secouant fortement son conjoint, elle va le piquer au vif, afin de le faire réagir : « Tu es un mec ! Bats-toi ! Réagis quand je te parle ! » Le problème est que l'épouse induit un résultat exactement opposé à ce qu'elle cherche à obtenir : face à tant d'hostilité qui lui coupe tous ses moyens et le plonge dans l'impuissance, l'homme se mine et vacille. Face à la honte que sa compagne induit en lui, celui-ci ne peut que battre en retraite ; il ne peut que s'enfermer dans le mutisme, comme ultime protection. Face à ce mur qu'elle contribue à ériger, son épouse en éprouve, en retour, un surcroît de solitude et de perte de lien. Cela alimente sa colère car elle a l'impression que son compagnon refuse toute interaction avec elle.

Mais est-ce vraiment le cas ? Refuse-t-il la communication comme sa compagne l'en accuse ? On constate que cette attitude de retrait est typiquement masculine et la tentation est grande d'arriver à la conclusion que les hommes ne sont « de toute façon » que des lâches. C'est peut-être un jugement un peu lapidaire qui méconnaît certains paramètres essentiels entrant en jeu lors du conflit.

Le phénomène de « noyade émotionnelle »

Je fais ici référence aux observations rapportées par John Gottman et Nan Silver dans leur centre de thérapie conjugale de Seattle. Le résultat de leurs recherches constitue la matière de leur ouvrage *Les couples heureux ont leurs secrets*. Ces auteurs y développent un concept intéressant : la « noyade émotionnelle ». De quoi s'agit-il ?

Imaginez un couple où règne un climat d'hostilité latente, reflet d'une frustration rampante chez les deux partenaires. Imaginez maintenant que, très régulièrement, cette frustration éclate avec violence sous la forme de disputes où sont échangés des propos particulièrement acerbes. Selon l'analyse de Gottman, il apparaît qu'au fil du temps, face à la violence récurrente de ces conflits, l'homme s'use plus vite émotionnellement que la femme. La femme, à cet égard, serait beaucoup plus solide. Que se passe-t-il pour l'homme ? Il commence à perdre pied face aux assauts répétés de sa compagne. Confronté frontalement à la critique et au mépris, il cherche une parade, tente plusieurs voies de sortie qui échouent les unes après les autres et, en dernier recours, il se ferme ; il se réfugie dans le mutisme, ce qui a le don de mettre son épouse encore plus hors d'elle. Elle redouble alors ses attaques en l'accusant de fuir lâchement. Ce dont elle ne se rend pas compte, c'est que, plus elle le « harcèle », plus il perd pied. Selon Gottman, l'homme essaie de garder son calme mais son rythme cardiaque s'accélère, sa respiration se fait de plus en plus courte et ses pensées se paralysent au point de ne plus pouvoir appréhender correctement la situation. Il se trouve immergé dans une situation de détresse émotionnelle, même si rien ne transparaît à l'extérieur.

Il est clairement en train d'éprouver les premiers

signes de la noyade émotionnelle : c'est une réponse physiologique à un stress intense. Il s'agirait là d'un système d'alarme très primitif de notre cerveau. Des études menées aux États-Unis (Dr Levenson, Berkeley) ont montré que les hommes étaient beaucoup moins bien équipés pour amortir la violence psychique du conflit conjugal que leurs épouses car leur système cardio-vasculaire est plus réactif – et donc plus sensible. En d'autres termes, l'homme serait plus rapidement et plus durablement submergé émotionnellement lors d'un conflit que la femme. Cela expliquerait que, dans 85 % des cas, ce sont les maris qui se « dérobent », non par lâcheté, mais parce qu'ils seraient en saturation émotionnelle et donc incapables, physiologiquement, de gérer correctement le conflit. Pour ne pas se noyer, les hommes n'auraient pas d'autre recours que celui de quitter au plus vite le champ de bataille. Incidemment, cela a pour conséquence d'induire chez eux un cuisant sentiment de honte et de mépris d'eux-mêmes, majorant ainsi leur état de crise émotionnelle.

Si l'homme se trouve régulièrement exposé à ces noyades dans sa vie conjugale, il va rapidement chercher à les éviter en développant des stratégies de retrait systématique qui ont pour objectif de désamorcer, au plus vite, toute nouvelle agression. Le problème est qu'il désamorce, dans la foulée, le lien qui le relie à son épouse ! Alors qu'il met en place (à un niveau relativement inconscient) ce mécanisme de protection, il ne se rend pas compte qu'il est, en même temps, en train de couper les liens et de désinvestir la relation. Petit à petit, croyant se protéger, il s'enferme dans sa forteresse. Et son épouse, dépitée et amère, lui emboîte le pas. Ils jettent l'éponge et cessent d'attendre quoi que ce soit de leur relation : ils ne se séparent pas nécessairement, néanmoins, le silence s'installe et la solitude-isolement s'empare de leurs cœurs.

2

Les dangers de la perte du lien

Le risque du renoncement

Le silence dans la relation a un coût psychique. À tout refouler pour ne pas faire de vagues, à tout nier pour étouffer la colère, l'irritation ou la frustration, on en arrive à anesthésier la relation. Tout se fige, même le positif qui lui-même se trouve happé dans le mouvement d'extinction émotionnelle. On tente, avec tellement de force, de ne rien montrer à l'extérieur que les sentiments négatifs refoulés se retournent contre soi et on s'étonne après d'être sans cesse fatigué, déprimé, stressé. Il se profile alors un retrait progressif de l'un et de l'autre. On ne se parle plus, non pas parce qu'on ne communique pas assez, mais parce que le lien est trop distendu et, lentement, imperceptiblement, on s'installe dans le renoncement.

Au mieux, le renoncement se traduit par une calme distance, parfois étonnamment teintée d'une affection quasi fraternelle. Socialement, en famille ou en présence d'amis, on parvient même à faire illusion : on affiche une belle entente et, à ce moment-là, on arrive presque à y croire. Des pensées s'immiscent timidement dans l'esprit : et si. Et si on pouvait se retrouver ? Et si finalement ce n'était qu'une mauvaise passe et que le lien était toujours là ? Ce soir-là, on se risque même à se parler à cœur ouvert ; on s'entend faire des promesses : on va changer, on va se retrouver. On espère à nouveau. Lui aussi, de son côté, il espère. Il veut aussi y croire parce que, lui non plus, il n'est pas heureux comme ça. Alors, on rentre à la maison, on se retrouve dans une intense étreinte et, deux jours plus tard, on se re-déchire avec haine pour une broutille dérisoire. Alors, aussitôt, chacun rejoint le camp retranché de sa solitude et, le cœur lourd et désillusionné, chacun fait en son for intérieur le constat que rien ne peut finalement changer.

La version toxique du renoncement

Au pire, de nouveaux rapports de force se mettent en place. Certains, en effet, se refusent à « lâcher le morceau ». Dans un sens, ils pourraient avoir raison car ils perçoivent intuitivement que la relation mérite beaucoup mieux que cette désespérante fadeur. Le problème est que, là encore, bon nombre des solutions mises en œuvre sont totalement contre-productives et mènent, à nouveau, dans une impasse. Deux de ces solutions méritent qu'on s'y attarde car elles sont particulièrement toxiques : « persécuter l'autre pour le faire changer » et « se positionner en victime pour le contraindre au changement ».

Persécuter l'autre

Entendez bien : « persécuter l'autre pour le faire changer ». Il y a là intention de changement, c'est ce qui d'ailleurs donne, aux yeux du persécuteur, la légitimité de ses actes. En effet, personne ne se positionne, délibérément et consciemment, comme persécuteur de son conjoint pour le simple plaisir de lui faire du mal. Le « persécuteur relationnel » désire sincèrement susciter le changement dans le comportement ou les attitudes de l'autre, mais dans un contexte où la tendresse et l'empathie ont déserté le terrain. Néanmoins, si on y regarde de plus près, on réalise que ce désir de changer l'autre est presque uniquement fondé sur le besoin de se sentir mieux soi-même. C'est effectivement une démarche centrée sur soi et non sur la relation : le conjoint oublie de prendre soin du lien d'amour endommagé, alors que c'est par là qu'il aurait fallu commencer.

Le désir de changer l'autre peut devenir tyrannique : le (la) partenaire est sans cesse critiqué(e) parce qu'il (elle) ne se comporte pas comme l'autre le voudrait, il (elle) lui adresse sans cesse des réprimandes en se focalisant sur ce qui ne va pas, au détriment de ce qui est positif dans son comportement. Qu'on l'admette ou non, c'est une forme de persécution. Car, persécuter l'autre, c'est chercher la petite bête ; c'est être à l'affût de la plus petite faille pour le disqualifier, dès qu'il tente de bien faire. On est là dans le registre de la critique systématique, du reproche, du blâme, de l'autoritarisme où l'on demande et exige, certain de son bon droit : on allègue son propre mal-être pour justifier son attitude. Sans se remettre en question, le persécuteur désigne l'autre comme en étant le principal responsable. De là, il est normal de ne plus prendre de gants et de laisser libre cours à son irritation : « Mon pauvre ami, tu es nul ! », « Voilà ! Regarde ! Tu t'es encore trompé ! Je te l'avais bien dit ! », « Moi, je n'aurais pas fait ça. De toute façon, tu n'en fais qu'à ta tête », « Tout ça, c'est de ta faute ! » L'estime de soi du partenaire persécuté doit être en béton armé – ce qui n'est pas le cas, la plupart du temps – pour résister à de tels assauts ! Il existe aussi des formes plus sophistiquées de persécution, comme celles qui passent par la culpabilisation incessante du conjoint : « Tu me rends malheureux(se) », « Tu ne me donnes pas la vie dont j'ai besoin », « Tu n'as pas tenu tes promesses... »

Vous l'avez certainement compris : derrière la persécution du conjoint se cache la volonté d'exercer un pouvoir sur l'autre, même si cette motivation est inconsciente. Cela rejoint ce que le psychanalyste Carl G. Jung disait : « Le contraire de l'amour, ce n'est pas la haine, c'est le pouvoir. » Le désir de changer le conjoint est, dans ce cas de figure, perverti par la volonté d'avoir sur lui un ascendant. C'est la recette la plus efficace pour aller droit dans le mur ! Par ailleurs, ce que le conjoint persécuteur ne réalise pas, c'est qu'il enferme son (sa) persécuté(e) dans une position impossible à tenir et qui empêche le changement : le persécuteur en est arrivé à la conviction que le conjoint ne pouvait pas changer et, pourtant, il le lui demande en brandissant, par exemple, la menace de son départ si l'autre échoue. Cette conviction de non-changement fait que le persécuteur ne pourra pas reconnaître les efforts de l'autre car cela ne rentre pas dans sa représentation de ce qu'est l'autre : un piètre incapable qui ne sait pas le (la) rendre heureux (se) ! Gardez bien à l'esprit que tout cela est essentiellement inconscient de la part du persécuteur. Ainsi, même si le conjoint arrive à faire quelque chose qui va dans le sens du changement, le persécuteur ne pourra qu'ignorer ce résultat positif ; il cherchera même à le nier car ce changement contredit la version qu'il a de l'autre.

Un exemple : une épouse reproche à son mari de ne jamais prendre d'initiatives pour organiser leurs week-ends. Résolu à faire un effort, il lui fait la surprise de concocter une escapade au bord de la mer et de lui annonce, tout souriant et fier de son bon coup, le vendredi soir. Et il se reçoit une volée de bois vert : « Comment peux-tu être aussi inconséquent ! Tu sais bien que je dois amener Benjamin chez le dentiste samedi matin. Si c'est ça, tes initiatives, bonjour ! » Après un tel accueil, le prochain week-end « surprise » risque de se faire attendre pendant très longtemps. Ce qui d'ailleurs apporte de l'eau au moulin de l'épouse et la conforte dans sa conviction que son mari est « décidément » incapable de répondre à ses besoins. Échaudé, le conjoint persécuté se rétracte encore davantage et chacun poursuit son petit bonhomme de chemin dans les steppes arides de la solitude-isolement.

Se poser en victime

L'un des partenaires souffrant le plus de solitude-isolement peut en arriver à désigner l'autre comme responsable de son malheur, mais au lieu de le persécuter pour qu'il change, comme précédemment, il adopte une autre stratégie – tout aussi inconsciente – qui consiste à se poser en victime. Il se sent – et se dit – victime du manque d'attention de son (sa) partenaire, de son mutisme, de son refus de comprendre ou de son incapacité à aimer.

Ce conjoint risque d'entrer dans une spirale de passivité, entachée d'une sourde colère qu'il (elle) ne parvient pas à exprimer. Cette passivité et les plaintes qui en découlent ont certainement pour fonction de faire bouger le partenaire, mais la première introduit une telle lourdeur dans la relation qu'elle l'inhibe plutôt qu'elle la stimule. Encore une solution contre-productive ! Par ailleurs, ce positionnement de victime révèle le fait qu'on attend que le changement vienne de l'autre, et donc pas de soi. On se déresponsabilise totalement en faisant porter à l'autre la pleine responsabilité du changement et cela induit, dans la relation, une inertie qui rend difficile tout mouvement de sortie vers le haut.

Il est important de percevoir que ce statut de victime est aussi une position de pouvoir (ou de tentative de prise de pouvoir) sur l'autre : en culpabilisant son partenaire et en le rendant seul responsable de son malheur, le conjoint exerce, sur lui (elle), un insidieux contrôle psychique. Il le « tient » en adoptant ce qu'on appelle la « position basse » : c'est un positionnement dans la relation où on se met au plus bas possible (« Pauvre de moi, je suis anéanti(e), je suis au fond du trou »), tout en chargeant l'autre de reproches culpabilisants (« Et tout cela est à cause de toi ») et où il est absolument impossible, pour le partenaire, de réagir ou de riposter car, qui peut décemment s'en prendre à quelqu'un qui est déjà si bas ? Percevez-vous là la subtile manipulation dont il (elle) est l'objet ? Toute riposte à ces attaques est immédiatement interprétée comme de nouvelles raisons pour la victime... de se sentir victime ! Le (la) partenaire est coincé(e). Quelle puissance de la part du conjoint ! En définitive, la victime abandonne son conjoint à lui-même : ce dernier se retrouve seul à porter la responsabilité de réparer la relation. Si la tâche apparaît trop difficile, il peut alors y renoncer et, finalement, jeter l'éponge.

La sexualité face à la perte de lien

La perte de lien dans le couple a, bien évidemment, une incidence sur la vie sexuelle. La sexualité est un puissant révélateur de l'état de santé de la relation. Néanmoins, il est parfois difficile de distinguer l'œuf et la poule. Est-ce la perte de désir qui participe à la perte de lien ? Ou la perte de lien qui participe à la perte de désir ? Il est difficile de trancher avec certitude. En revanche, la perte de lien s'accompagne, la plupart du temps, d'une perte d'un contact physique « érotisé » (je ne parle même plus là du toucher sexuel, il a souvent disparu depuis longtemps ou il est très épisodique). Non, la perte du toucher érotisé, c'est le fait de ne plus se toucher avec affectation, de ne plus se prendre dans les bras, de ne plus se tenir par la main, de ne plus dormir au contact l'un de l'autre, etc. Tout ceci souligne et renforce le vécu d'aliénation et de solitude. Nous oublions progressivement que le toucher aimant d'un autre être humain contribue à nous rendre vivant et « existant ». Nous oublions que son absence peut devenir une réelle souffrance inconsciente, au fil des années. Restaurer le toucher est un enjeu essentiel pour rétablir le lien d'amour. Nous y reviendrons plus tard.

Nous parlions de la peur du conflit tout à l'heure. En fait, il peut avoir une réelle fonction dans la sexualité du couple. Parfois, le conflit est intuitivement compris, par les deux partenaires, comme une voie d'accès au sexe, non pas tant pour la jouissance qu'il procure que pour la reconnexion intérieure qu'il rend possible, même si elle n'est là que pendant le court temps de l'étreinte sexuelle. C'est un schéma relationnel très classique dont voici le déroulement : le couple est en crise, chacun est en souffrance. La tension atteint son paroxysme et le plus petit incident met le feu aux poudres. Le conflit éclate : on se déchire l'un l'autre, on se lacère comme on sait si bien le faire. Et puis, gonflés à bloc de l'énergie générée par la dispute, on se jette l'un sur l'autre dans des ébats sexuels d'autant plus intenses que le combat était virulent. La tension tombe, on retrouve, pendant quelques fugaces instants les bribes de cette tendresse d'autrefois. Le problème, c'est qu'à cause de la solitude-isolement on en a perdu le chemin et qu'il ne reste plus que le conflit armé pour y avoir de nouveau accès. Alors, comme cela fait du bien de se retrouver ainsi, on n'hésite pas à institutionnaliser le conflit comme élément stabilisateur du couple ! Il devient alors indispensable pour préserver le lien, même si le prix à payer est exorbitant au niveau émotionnel. C'est un peu tordu, certes, mais néanmoins, même dans une situation aussi bizarre, il n'en reste pas moins que le désir de rester en lien reste toujours présent. Et c'est, je crois, essentiel pour la suite.

La tentation de la relation extraconjugale

J'ai eu une aventure avec un collègue l'année dernière. Il était beaucoup plus passionné que mon mari et tout aussi insatisfait dans son couple que moi. Mais au bout de quelques mois, j'ai commencé à comprendre que jamais je n'aurais sérieusement envie de remplacer mon mari par ce type : nous avons des caractères trop proches : nous réagissons tous les deux en écorchés vifs, cela donne des échanges certes passionnés mais tournant vite au mélodrame et à la guerre, et c'était bien fatigant !

Face à la perte de lien (et à la perte de désir qui s'ensuit ou qui la précède), l'un des partenaires peut être tenté de rechercher une reconnexion intime en dehors de la relation actuelle. On pointe souvent la relation extraconjugale comme étant la cause de la détérioration du lien d'amour, alors que, la plupart du temps, elle n'en est qu'un effet. Car c'est bien la dégradation au sein du couple qui induit la recherche d'une relation extraconjugale et non l'inverse. Cette relation est, en fait, le symptôme qui révèle ce qui se passe dans le couple. Elle constitue une autre « solution-impasse » : alors qu'elle est censée apaiser la souffrance de la solitude-isolement, pour beaucoup, elle ne fait que la renforcer.

J'ai déjà expérimenté cela dans mon couple. Mais c'est totalement illusoire de croire que ça va résoudre le problème. Ça ne résout rien, ça contribue au mieux à mettre en évidence les problèmes du couple, au pire ça aggrave la situation. Tous les espoirs que j'ai mis dans cette autre relation se sont avérés finalement vains.

C'est le principe des vases communicants : plus on s'engage émotionnellement dans la nouvelle relation, moins on investit d'énergie dans le couple. Moins on s'investit, plus le lien se délite et plus le lien se délite, moins on a envie de s'investir. C'est un cercle vicieux.

Ne vous y trompez pas : quand on écoute les confidences des personnes trompant leur conjoint, ce n'est pas nécessairement parce qu'elles trouvent chez l'autre une peau plus rose et plus tendue que celle de leur partenaire. C'est un paramètre important certes, mais il n'y a pas que ça. Car, que retrouve-t-on dans la relation extraconjugale ? L'excitation de détenir le secret d'un amour caché, le plaisir angoissé de jouer au chat et à la souris avec les conjoints respectifs, le perturbant sentiment de culpabilité qui permet – enfin – de ressentir quelque chose de nouveau face à la platitude du quotidien conjugal, le merveilleux fait d'exister « juste pour soi » dans le regard de l'autre, d'être à nouveau désiré, écouté, compris, respecté, pris en compte, consolé, touché, le fait que les rêves les plus fous semblent à nouveau possibles, que les portes s'ouvrent à nouveau, le fait de ne voir l'être aimé que sous son meilleur jour, sans avoir à subir ses côtés négatifs, la passion délicieusement entretenue par le désir frustré, l'aspect non-engageant de cette relation qui permet de préserver la sécurité de sa vie familiale tout en explorant quelque chose de nouveau, etc.

À lire cette liste, on se demande pourquoi tout le monde n'entretient pas de relations extraconjugales ! La raison est que, peut-être, certains trouvent déjà tout cela dans leur couple. En effet, regardez tous les désirs et toutes les envies qui s'expriment à travers la relation extraconjugale : ils sont autant d'indicateurs précieux de ce dont vous avez besoin – ou ce dont votre partenaire a besoin et que, ni vous, ni lui (elle) ne parvenait plus à trouver dans votre relation. On ne peut y voir que le mensonge et la trahison, mais il est possible aussi d'y percevoir ce qui s'exprime véritablement : une tentative de faire vivre le désir – pas que le désir sexuel, non : le désir de vie, le désir d'exister pleinement. Ainsi, la relation extraconjugale exprime – très maladroitement, nous sommes d'accord – des désirs légitimes qu'il est indispensable d'entendre. En cela, ils montrent une possible direction à suivre pour restaurer le lien d'amour. D'une certaine manière on n'a plus à se demander ce dont on a besoin dans le couple, on le sait déjà : c'est ce qu'on a mis en œuvre dans cette relation extraconjugale ! Alors, autant en apprendre quelque chose.

J'ai souvent eu affaire à des personnes blessées par les escapades de leur conjoint. Contre toute attente parfois, cela ne signifiait pas systématiquement la fin de la relation. C'était une épreuve particulièrement pénible mais certains sont parvenus à traverser ensemble cette crise et à en tirer les enseignements. Évidemment, une telle démarche nécessite, au préalable, de très nombreux présupposés : que la relation extraconjugale ait vraiment pris fin, par exemple, et que le travail de restauration de la confiance soit sincèrement entrepris, qu'un dialogue honnête et sincère ait pu s'instaurer pour faire le point sur ce qui s'est passé et pourquoi cela s'est passé, que le conjoint trompé puisse entendre les désirs que l'autre cherchait à satisfaire ailleurs (ce qui est le plus difficile à entendre), et qu'il ne nourrisse pas en lui un obsédant désir de vengeance (ou l'envie de faire pareil !) ; que – ultimement – le désir de rester ensemble soit encore là. Comme vous le voyez, ce n'est pas gagné, mais je reste étonné qu'en dépit de tout la volonté de continuer ensemble peut authentiquement faire la différence.

La relation extraconjugale est un symptôme et il est nécessaire de l'aborder comme tel : elle dit quelque chose du couple et il serait malheureux de ne pas lui donner une chance de délivrer son message. Utilisez-la pour vous aider à faire le « diagnostic » de cette solitude-isolement sur laquelle pèsent trop de silence et de non-dits. Et si la tâche vous semble bien trop vaste pour l'entreprendre seuls, il existe des thérapeutes de couple dont la formation et l'expérience peuvent vous être extrêmement bénéfiques pour renouer le dialogue, sans vous déchirer, et aller au-delà de la souffrance.

Comment en sommes-nous arrivés là ?

Nous pourrions ainsi continuer indéfiniment les listes des manifestations de la solitude-isolement ! Même si votre situation actuelle ne renvoie pas exactement à ce que je viens de décrire, je pense que vous avez bien saisi de quoi il retourne. Je vous propose maintenant d'aller au-delà d'un simple état des lieux et de nous interroger sur ce qui contribue à créer ce vécu de solitude-isolement. Comment le lien d'amour s'effiloche-t-il ? Quelles en sont les principales composantes ?

Selon Patricia Love et Steven Stosny, « on ne se déconnecte pas l'un l'autre parce qu'on communique mal ; on communique mal parce qu'on est déconnectés [1] ». Pendant longtemps, les psys qui se sont penchés sur la question ont cru que le principal responsable de la perte du lien d'amour était une détérioration progressive de la communication au sein du couple. On peut effectivement le penser à la lecture de ces témoignages :

> C'est la télé et Internet qui ont beaucoup contribué à cette solitude-distance. On, ne se parle plus.

1. Love P. et Stosny S., *Ne dites plus jamais « Chéri, faut qu'on parle ! »*, Michel Lafon, 2007.

> Je pense que le sentiment de solitude s'est installé parce nous n'avons pas communiqué. J'ai voulu prendre les problèmes à cœur et seule, je ne voyais de toute façon aucune autre solution. Mon conjoint pensait que je lui appartenais pour la vie et cela a fait qu'il ne se rendait pas compte de la situation.

L'outil psy traditionnellement recommandé pour remédier au manque de communication dans le couple est la technique dite de l'« écoute active » : chacun doit s'efforcer d'écouter avec attention les critiques ou le point de vue qu'énonce son partenaire. Il doit ensuite reformuler ce qu'il a compris, pour s'assurer qu'il a bien reçu le message. Enfin, il énonce, à son tour, ce qu'il a à dire, en bénéficiant de la même qualité d'écoute de la part de son conjoint. Sur le papier, cette méthode de gestion du conflit est intelligente. Le problème est qu'elle est difficile à mettre en œuvre : quand chacun est happé dans l'émotion de la violence d'une énième dispute, il est quasiment impossible de s'écouter avec respect et bienveillance. Les couples en crise continuent à patauger dans leur marasme, même s'ils tentent, bon an, mal an, de pratiquer cette écoute active. Partant de ce constat, on entend, depuis quelques années, des voix s'élever pour remettre en question cette hypothèse du manque de communication comme ressort principal de la discorde conjugale. Penser que les problèmes du couple peuvent être résolus par l'amélioration de la communication pourrait être une erreur. En effet, quand on écoute attentivement ce que racontent les couples souffrant de solitude-isolement, on se rend compte que la perte de communication est, en fait, secondaire à la perte de lien : c'est la dégradation du lien qui survient en premier, puis elle est rendue manifeste par une altération de la communication.

Mais attention : œuvrer à restaurer une communication de qualité dans un couple qui bat de l'aile est une excellente attitude car cet effort est réellement susceptible d'améliorer un certain nombre de problèmes. Mais si le lien entre les deux partenaires n'est pas, au préalable, solidement établi, ces tentatives risquent de rester peu efficaces : il n'y a plus, dans la relation, ni la patience, ni le désir, ni l'envie, ni l'énergie de s'écouter et de communiquer de façon satisfaisante. Il est donc raisonnable de penser que la communication n'est pas le nœud ultime du problème. Il semble d'ailleurs qu'une communication de qualité ne peut se restaurer que quand le lien d'amour se restaure en amont. C'est pour cette raison qu'il est essentiel d'aller chercher aux racines mêmes de la déconnexion, car c'est là que la solitude-isolement trouve son point d'origine.

C'est ce que nous allons maintenant voir. Nous allons explorer en détail les multiples facteurs qui interviennent dans l'installation progressive de la solitude-isolement. Très schématiquement, on distinguera deux grandes catégories : la première renvoie aux circonstances de vie qui, par elles-mêmes, sont susceptibles d'induire une perte de lien au sein du couple, la deuxième se focalise davantage sur la personne qui souffre de solitude. Nous nous arrêterons longtemps sur les multiples attentes qui l'on fait peser, inconsciemment, sur le couple et nous verrons en quoi, paradoxalement, ces attentes inappropriées peuvent participer à la perte du lien d'amour.

3

Le jeu des attentes et de l'espoir

On tombe amoureux. Notre cœur s'emballe et s'ouvre à nous la promesse d'une relation d'amour. C'est le devant de la scène : ce que nous montrons à voir, à nous-mêmes et à autrui. Dans les coulisses de notre esprit, c'est un peu différent. Nous sommes, en effet, rarement conscients de ce que nous mettons « dans le panier de la mariée ». Car, quand on y regarde de plus près, que voit-on ? Une foule de secrets espoirs, un monceau de rêves, une montagne d'attentes. Certes, certaines sont totalement légitimes, comme, par exemple, le fait d'espérer que cette personne qui arrive dans notre vie nous offre soutien, confiance et plaisir. Mais d'autres le sont moins : l'espoir, par exemple, d'être « réparé » émotionnellement par cette nouvelle compagne ou ce nouveau compagnon, l'attente, quelque peu démesurée, que cette personne devienne notre rempart face aux agressions de l'existence. Au début, nous passons outre à ces signaux inopportuns : l'amour est sourd et aveugle, n'est-ce pas ? Il nous semble, avant tout, invincible. D'ailleurs, ces attentes et espoirs qui affleurent à l'orée de notre conscience nous apparaissent comme allant de soi, à tel point qu'il nous semble inutile d'en interroger la pertinence, confiant qu'ils trouveront spontanément réponse dans la relation naissante.

Peut-être. Peut-être pas. Mais reconnaissons-le : sans le formuler clairement à nous-même, nous attendons de notre couple qu'il soit l'antidote privilégié aux difficultés de notre vie. Conforté, dès nos premiers dessins animés, par l'idée qu'un prince charmant (ou qu'une belle princesse) nous apportera, un jour, le bonheur éternel, nous échafaudons dans la marmite de notre inconscient tout un réseau d'attentes, de croyances, de fantasmes, de représentations sur ce qu'il est légitime ou « normal » d'attendre du couple. Tout cela mijote à feu doux au fil des années, régulièrement entretenu par les comédies américaines et les magazines people. Néanmoins, on oublie qu'il existe ce qu'on appelle le « principe de réalité ». Ce n'est pas une version édulcorée du réel, c'est le réel ! Ainsi, après quelques déboires, on découvre – n'en déplaise à Disney ou à Perrault – que le prince charmant (ou la belle princesse) n'existe pas. Lui (elle) n'est qu'une construction de notre esprit et de notre société. La chute est rude parfois car, même si on croit l'avoir rencontré, le prince charmant a parfois une haleine de poney au réveil, il arrive à la belle princesse d'avoir le cheveu gras, le prince aime passer ces week-ends à regarder le foot à la télé et, après quelques années, il faut bien reconnaître que la belle princesse n'est plus tout à fait une sirène en maillot de bain. Triste constat. Grosse déception.

La vérité est que nous avons tendance à *surinvestir* notre relation sur la base de nos rêves et de nos espoirs. Sans même nous en rendre compte, nous faisons peser sur elle des attentes qui souvent la dépassent. Or l'attente, quelle qu'elle soit, porte en elle les germes de la déception. En d'autres termes, quand nous sommes déçus par ce que nous vivons dans notre relation, c'est parce que nous avons des attentes déçues. Et ces attentes frustrées risquent alors de devenir des points d'ancrage d'un mécontentement de fond. De frustration en frustration, nous nous énervons, nous perdons patience, nous commençons à revendiquer, avec une intensité croissante, ce que nous estimons être notre dû... et le lien d'amour s'écorne au fil du temps.

Le problème est que nous ne réalisons pas que notre couple n'est pas à même de répondre à toutes nos attentes, quand bien même nous lui demandons avec insistance. Même si, au niveau conscient, nous savons que ce n'est pas possible, à un niveau inconscient, c'est beaucoup moins clair. De là, notre relation vit sous la menace de nous décevoir. En fait, si nos attentes sont franchement inadaptées par rapport à ce que la relation est capable de nous donner, elle ne peut que nous décevoir ! À terme, cette déception nous précipite dans une solitude-isolement dont nous sommes finalement les premiers artisans. Il est donc essentiel que nous mettions en plein jour nos attentes, en toute honnêteté. Cela nous permettra d'évaluer si elles sont, d'une façon ou d'une autre, trop pressantes ou trop illusoires.

JE DEMANDE À MON COUPLE QUE LA PASSION DURE À TOUT JAMAIS

> Au départ, je croyais que le grand amour, la passion des premiers rendez-vous où on ne pouvait plus se quitter, allait durer toute une vie !

Le grand amour. Le mot est lâché ! Et pourtant, que de malentendus érigés en son nom ! Nous pensons sincèrement savoir de quoi il retourne. L'amour, on connaît ! On sait très bien comment cela fait quand il nous traverse le cœur. On se souvient des transports et de la folie qu'il est capable d'induire en nous. Et pourtant, est-on sûr de soi quand on affirme connaître la véritable nature de l'amour ? « Aimer », cela veut dire quoi, exactement ?

Pour nous aider à répondre à cette question, il est nécessaire de faire un petit détour par les différentes définitions que nous donnons habituellement au mot « amour ». Et là, quelques surprises nous attendent.

L'« amour-affection »

Vous avez certainement déjà vu ces couples, assis en silence, l'un en face de l'autre, au restaurant. Ils semblent n'avoir plus rien à se dire, mais on devine, à travers leurs discrets échanges, qu'il existe néanmoins quelque chose qui parle de leur relation d'autrefois. Il n'y a plus rien d'enflammé aujourd'hui – c'est le moins qu'on puisse dire – et, à la différence d'un couple qui prendrait un réel plaisir dans le silence d'un temps paisible passé ensemble, on perçoit ici le voile de l'ennui, teinté d'une certaine distance affective. On est ensemble, on s'aime bien, mais c'est ce « bien » qui fait souci. On est là dans une version très réductrice de l'amour : c'est « l'amour-affection », un amour quasi fraternel où on « s'aime bien », où on s'apprécie, où la force de l'habitude fait qu'on aurait du mal à ne plus vivre ensemble. Mais on s'ennuie. Contrairement à ce qu'on pourrait penser, cet « amour-affection » n'est pas que le fait des « vieux » couples. Il peut émerger à n'importe quelle phase de la relation, une fois que celle-ci est parvenue à dépasser l'illusion de l'amour romantique. Non, ce n'est pas la durée de vie du couple qui détermine l'émergence de cet amour-affection ; c'est ce qu'on fait du lien au fil des années.

Disons-le tout de suite : c'est dans ce type de relation que la solitude-isolement résonne le plus fort, car le renoncement dont nous avons parlé précédemment y est présent. Chacun considère l'autre comme acquis et il s'établit un lien certes respectueux et même affectueux, mais qui a peu de choses à voir avec un rapport de couple – la sexualité en étant notamment absente ou presque inexistante. Bien sûr, on se soucie de l'autre ; on veut son bien et on est prêt à se donner du mal pour y parvenir et, après tout, pour certains, ce type de lien est suffisant. Pourquoi pas ? Mais il ne faut pas s'y tromper : le niveau d'implication intime dans la relation d'amour-affectation n'a strictement rien à voir avec celui qu'on retrouve dans un authentique lien d'amour. Car il faut se rendre à l'évidence : même si on s'en contente – et j'insiste : pourquoi pas ? C'est viable ! – l'« amour-affection » renvoie, bel et bien, à un abandon du lien d'amour. On l'a progressivement laissé partir à la dérive en s'imaginant qu'il était capable de s'entretenir ou de vivre par lui-même, comme une entité autonome. La vérité est qu'il en est totalement incapable. Quand il n'est pas entretenu, il bascule automatiquement (et imperceptiblement) sur le mode « amour-affection ». Cela n'abolit pas le lien, mais ça le fait exister à bas bruit, comme des braises sous la cendre qui peinent à trouver de l'oxygène pour ne pas s'éteindre.

L'amour romantique ou la fusion amoureuse

L'autre versant de l'amour nous parle de tout autre chose ! C'est l'« amour-passion », l'amour romantique, la fusion amoureuse. C'est ce qu'on se plaît à identifier comme le « vrai » grand amour.

Nous sommes là dans une configuration radicalement différente. Après les incontournables doutes, une fois la flamme déclarée et les mots fatidiques prononcés, on ressent la douce volupté du sentiment amoureux couler à flot dans nos veines. Ça y est : c'est elle, c'est lui. Une joie tranquille ou une débordante euphorie nous envahit, éclaboussant autrui de notre bonheur naissant ! La Terre devient vaste, dense, riche de tous les possibles. Elle devient le terrain de jeux de cette nouvelle entité qui s'appelle désormais « nous », un « nous » qui efface les contours de l'un et de l'autre, dans un délicieux entrelacs des corps et des esprits. Tu adores les sushis ? J'apprends à les aimer. Tu te passionnes pour les tribus papoues de Nouvelle-Guinée ? Je cours au musée des Arts premiers pour apprendre tout ce que je peux pour en discuter avec toi. Tu es fan de mangas japonais ? Je commence à en dévorer à mon tour. Cette ouverture sur ton univers m'étonne, me séduit, me donne sans cesse envie d'en savoir et d'en absorber toujours plus. Parce que tout cela me parle de toi, de « nous » et cette unité est la seule chose qui compte dorénavant. Tu n'aimes pas ma coupe de cheveux ? Oups ! Je change de coiffure immédiatement car, dans ce délicieux émoi, je dois bien reconnaître que je suis aussi aux aguets, un peu stressé(e) à l'idée de faire un faux pas qui pourrait te déplaire. J'aime ce merveilleux état, mais ce n'est pas non plus à 100 % serein. Reconnaissons-le : c'est épuisant d'être amoureux !

La magie de cette fusion provient de l'intensité du lien qui s'établit alors. De nombreux auteurs décrivent cet état comme l'abolition de nos frontières psychiques, comme peut le vivre le petit bébé qui n'a pas encore conscience qu'il existe indépendamment de sa maman. Il est en osmose, en fusion avec elle. Quel bonheur de retrouver alors cet état dans la fusion amoureuse, là où n'existe plus cette solitude originelle dans laquelle nous avons été brusquement plongé à notre naissance, quand la sage-femme a coupé irrémédiablement le cordon ombilical ! Cette fusion, c'est la réponse ultime à une question qu'on ne savait même pas qu'on se posait à soi-même. C'est la fin de l'abandon ! Voilà pourquoi on est prêt à mourir avec l'autre ! Voilà pourquoi Roméo se suicide sur le (prétendu) cadavre de Juliette ; voilà pourquoi Rose (Kate !) quitte le canot de sauvetage pour rejoindre Jack (Leonardo !) à bord du *Titanic* ; voilà pourquoi Tristan meurt pour Iseult. Dans la fusion amoureuse, l'autre se confond avec nous, au point de croire qu'il (elle) ressent exactement ce qu'on ressent soi-même, qu'il (elle) éprouve les mêmes besoins, les mêmes désirs. Et ce n'est d'ailleurs même pas la peine de les énoncer : on est persuadé de les comprendre intuitivement, sans mot dire, tellement le lien est étroit. Quel bonheur !

Qui peut résister à cela ? Qui peut garder la tête froide face à cette douce extase ? Qui le souhaite d'ailleurs ? Et est-ce même souhaitable ? Non ! Car ces premiers temps où commence à se manifester le potentiel du lien d'amour sont précieux : aussi éphémères soient-ils, ils sont fondateurs du couple à venir si, bien sûr, il émerge effectivement un couple à l'issue de cet embrasement. Nous reviendrons plus loin sur ce thème du « mythe fondateur du couple » car il est un des piliers de la relation ; l'important ici est de souligner que le temps de la fusion amoureuse en est une composante indispensable.

Mais il y a plus encore : la fusion amoureuse est authentiquement une ouverture totale sur l'autre, même si cette fenêtre ne s'ouvre que brièvement. Elle nous permet d'entrevoir des horizons méconnus en nous invitant à explorer des territoires qu'on n'aurait jamais pensé fouler auparavant. Elle induit incontestablement un partage et un enrichissement de l'un et de l'autre. D'ailleurs, bon nombre d'entre nous gardent les gains de rencontres amoureuses du passé (en termes, par exemple, de qualités humaines qui se sont révélées à nous à cette occasion), même si ces aventures n'ont duré qu'un bref instant. Donc, en dépit de tous les bémols que je vais énoncer sur l'amour romantique, il ne serait pas juste de jeter sur lui un regard méprisant ou suspicieux. Il a sa raison d'être et il est à accueillir avec un joyeux abandon, dans la mesure où on ne se trompe pas sur sa nature. Car l'erreur serait de croire que cet embrasement est le vrai grand amour dont on nous a tant parlé. Or ce n'est pas sans conséquences. Par exemple, je peux croire, dur comme fer, que :

– *L'amour ne nécessite aucun effort conscient de ma part. Il se déploie spontanément. Il est facile, léger, aplanissant toutes les difficultés dans la relation.* Conséquence de cette croyance : si la relation devient difficile, si elle requiert un effort, si elle implique une certaine discipline personnelle ou des choix où intervient la raison, alors ce n'est plus de l'amour. Pour certains, ce constat signe l'arrêt de mort de la relation. La « passion » n'étant plus au rendez-vous, ils s'exclament : « Moi, je ne peux vivre que la passion. Tout le reste ne mérite pas d'être vécu ! C'est trop fade ! » À l'extrême, certains développent un comportement quasi toxicomaniaque à l'égard de l'état amoureux : ils deviennent *addicts* de l'euphorie qu'induit la fusion. Ils se sentent tellement bien sous l'emprise du coup de foudre qu'ils veulent le maintenir en eux à tout jamais ! Or, comme nous allons le voir, cet état est, par nature, transitoire ; il s'estompe inévitablement et ces personnes prennent peur à l'idée de le perdre. Si elles ne le trouvent plus avec le (la) partenaire du moment, qu'à cela ne tienne : elles en changent immédiatement pour retrouver, dans des bras neufs, le délicieux *shoot* de la fusion ! À vivre ainsi de passion en passion, elles se condamnent, sans le savoir, à une errance affective sans fin, pétrie d'angoisses et de solitude, car elles espèrent cristalliser ce qui est, par essence, éphémère. Il ne peut pas y avoir de bonheur là-dedans.

– *Amour et intensité sexuelle ne font qu'un.* Souvenez-vous, au début, c'était parfois deux à trois fois par jour. On était toujours partant, jamais fatigué. Conséquence de cette croyance : si le sexe décroît, cela voudrait dire que l'amour décroît lui aussi. Il ne me désire plus autant ; donc, il ne m'aime plus autant. La fusion amoureuse – ou, de façon plus générale, le fait de tomber amoureux – est une expérience érotique et sexuelle. Qu'elle soit reconnue comme telle, ou non, il existe, dans l'immense majorité des cas, une composante et une motivation sexuelle au mouvement amoureux. D'ailleurs, l'orgasme sexuel nous confirme dans le fait que nous sommes en totale fusion avec l'autre et l'intensité de ces moments privilégiés devient (malheureusement ?) un critère qui nous sert, ultérieurement, à évaluer l'intensité du sentiment amoureux, dans une équation qui s'énonce ainsi : intensité du sexe = intensité de l'amour. C'est peut-être vrai dans une certaine mesure, mais cela ne peut, en aucune façon, résumer ce qu'est l'amour. La preuve : il peut exister, alors que le sexe s'est éteint depuis longtemps. Certains diront que c'est beaucoup moins *fun* – peut-être – mais à rester, coûte que coûte, arc-bouté sur la croyance qu'amour = sexe, alors que le sexe ne fait plus vraiment partie de la vie du couple, on s'expose à une inutile remise en question d'une relation qui peut fonctionner, par ailleurs, merveilleusement bien.

– *La fusion amoureuse, c'est l'amour ; j'en déduis que l'amour, c'est la compréhension intuitive des désirs et des besoins de l'autre, sans même qu'il soit nécessaire d'en parler. Je suis persuadé que, en retour, il en est de même pour lui (elle).* Conséquence de cette croyance : je m'attends à ce que mon compagnon ou ma compagne réponde à tous mes besoins, sans qu'il soit nécessaire que je lui en parle : « Si tu m'aimais, je n'aurais pas besoin de te dire ce dont j'ai besoin. Tu devrais le comprendre ! » Une telle phrase est redoutable : elle a le pouvoir d'enfermer l'autre dans l'impuissance car il lui est, en réalité, totalement impossible de répondre à une telle injonction : le conjoint n'est pas devin, ni médium, ni doué de télépathie ! Au bout du compte, cette exigence équivaut à une négation de tout l'amour qu'il (elle) peut ressentir ; on la lui lance à la figure, sous prétexte qu'il (elle) ne peut pas deviner nos besoins ! Quelle injustice... et quelle violence ! Une telle attitude renvoie à celle de l'enfant qui était persuadé que papa et maman « savaient » instinctivement ce dont il avait besoin, sans même qu'il ait à leur demander. Devenu adulte, il en déduit que toute personne qui dit l'aimer doit nécessairement « savoir », sinon, cela veut dire qu'elle ne l'aime pas ! Il oublie que papa-maman répondaient à des besoins de base de l'enfant ; des besoins somme toute très bien identifiés et il était facile pour eux de les anticiper, donnant ainsi à l'enfant l'impression qu'ils « devinaient » ce dont il avait besoin. Or les besoins d'autrefois ont depuis considérablement évolué ; ils sont devenus beaucoup plus sophistiqués que ceux de l'enfant : nous avons aujourd'hui besoin d'être plus explicites si nous voulons que notre partenaire y réponde.

Sortir de la fusion amoureuse

Emportés par la passion, peu d'entre nous remarquent le petit alinéa, en bas, à droite du contrat : c'est la date de péremption à ce délicieux état. Cela ne signifie pas que la relation va commencer à péricliter, non ! Cela veut dire que le transport amoureux va progressivement changer de tonalité (en se bonifiant, dans le meilleur des cas). En fait, c'est la logique d'un processus naturel qui se déroule au fil du temps ; ce serait une erreur d'y voir une altération de la relation et très malencontreux de vouloir s'y opposer. Pas de panique donc : les choses suivent un cours harmonieux ; l'état de fusion amoureuse va donc s'estomper et, aussi étonnant que cela paraisse, on a même pu identifier la durée moyenne de la passion amoureuse – même si je vous concède que l'idée d'un temps mesurable n'est pas très romantique. De nombreux psys s'accordent pour dire qu'elle dure environ deux ans, avec, selon les auteurs, une fourchette allant de dix-huit mois à trois ans. Selon Serge Hefez, « il faut ensuite à peu près un an pour transformer (la relation) ou s'en débarrasser[1] ».

Et, pour achever de tuer le romantique de la situation, la science nous inflige l'ultime coup de grâce : cet état serait biologiquement déterminé ! Dans *Pourquoi lui ? Pourquoi elle ?*, Monique Fradot et Danièle Chinès rapportent une étude de Cindy Hayman de l'université Cornell, aux États-Unis. Cette psychologue a étudié trois neurotransmetteurs (des substances chimiques dans notre système nerveux qui gouvernent nos comportements) chez 5 000 sujets issus de 37 cultures différentes : la dopamine, la phényléthylamine et l'ocytocine. Ces substances, sécrétées en grande quantité dans notre cerveau durant la phase de fusion amoureuse de dix-huit mois à trois ans, inonderaient nos neurones, nous plongeant dans l'extase fusionnelle. Puis, cette intense sécrétion décroîtrait progressivement au fil du temps, en nous faisant atterrir en douceur – ou en catastrophe. Nous reprenons alors la main sur notre réalité : nous réalisons que nous ne sommes pas « un » : je redeviens « moi » et l'autre redevient « autre ». Incidemment, cette étude ne dit pas si cette sécrétion massive de neurotransmetteurs est la cause ou la conséquence de l'état de passion amoureuse : c'est toujours la question de la poule et de l'œuf.

Pire encore, à un niveau très (très) prosaïque, Scott Peck voit même, dans le temps de la fusion amoureuse, une astuce de dame Nature pour perpétuer l'espèce : selon lui, le coup de foudre serait « une composante instinctuelle génétique du comportement sexuel. La

1. Hefez S., *op. cit.*

disparition temporaire des barrières de l'ego qui fait qu'une personne tombe amoureuse est la réaction stéréotypée des êtres humains à des pulsions sexuelles internes et des stimuli sexuels externes ; elle sert à augmenter la probabilité des relations sexuelles pour favoriser la survie des espèces[1] ». Voilà qui est dit.

Quoi qu'il en soit de la réalité de ce fonctionnement hormonal, le constat est là : après un certain temps, la passion s'essouffle, l'impression d'extase océanique arrive à marée basse, on découvre, presque étonné, que l'autre pense et désire autrement que soi ; il revendique pour lui-même des choses qu'il n'avait jamais revendiquées jusque-là. C'est le temps de la dé-fusion. Comme il a été dit plus haut, soit on zappe la relation, tant la chute est insupportable (et on s'expose alors à reproduire le même scénario quelque temps plus tard), soit on passe ensemble le cap de cette inévitable désillusion et on commence à apprendre à s'aimer… autrement.

La dé-fusion est un authentique travail de deuil du (de la) partenaire qu'on avait idéalisé(e). Mais finalement, au bout du compte, cet « autre » n'a pas changé ; il a toujours été ainsi. On ne le percevait qu'à travers nos propres projections, voyant plus, en lui (elle), nos propres espoirs et attentes que cette personne en tant que telle. C'est un peu cela, l'état amoureux : on croit sincèrement voir l'autre, alors qu'en fait c'est d'abord soi qu'on voit, dans une version sublimée, et c'est aussi pour cela qu'on est si enthousiaste. Aujourd'hui, l'effet miroir s'est estompé et on voit cette personne différemment, juste sous son véritable jour. Ce ne serait donc pas lui faire justice que de l'accuser du relatif désarroi dont on souffre, maintenant que la réalité s'impose. Chacun a participé activement – même

1. Peck S., *Le Chemin le moins fréquenté. Apprendre à vivre avec la vie*, J'ai lu, 2004.

si inconsciemment – à ce doux aveuglement mutuel de l'état fusionnel : c'est vrai que l'autre y était magnifique et qu'on n'y était pas mal non plus soi-même. Alors, il est un peu douloureux de prendre conscience qu'on était, tout les deux, un peu en décalage par rapport à la réalité. Il ne s'agit pas d'une perte de lien entre les deux partenaires, il s'agit plutôt d'un retour au réel, après un rapide détour dans la stratosphère. Rien de très grave, finalement : l'erreur était de croire que notre couple était en mesure de préserver, à tout jamais, cet état fusionnel. On sait aujourd'hui qu'il en est incapable et que cela est tout à fait normal. Alors, autant ne pas lui demander l'impossible !

4

La quête de sécurité et d'identité au sein du couple

Nous abordons là deux piliers en termes de besoins humains : le besoin de sécurité et le besoin d'identité. Il est donc incontournable que nous cherchions à les satisfaire au sein même de notre relation d'amour. Rien de plus normal… jusqu'à un certain point !

JE DEMANDE À MON COUPLE QU'IL ME GARANTISSE UNE SÉCURITÉ ÉMOTIONNELLE

N'est-ce pas une attente légitime ? Si, certainement. Mais là encore il y a « sécurité » et « sécurité » et il faut nous assurer que nous nous entendons bien sur le sens des mots. Que recouvre-t-elle exactement ? Quelle est cette sécurité que je réclame et que j'attends de ma relation ?

Il y a tout d'abord cette sécurité qui renvoie à la force du lien d'amour, une sécurité qui génère un sentiment de confort intérieur et de plénitude où on se sent exister par soi-même, soutenu par le regard de l'autre. Cette dimension de sécurité parle également du soutien mutuel qu'on s'accorde dans les temps difficiles ; elle participe à la promotion réciproque des désirs et aspirations de l'autre. Cette sécurité-là, nous en reparlerons dans un prochain chapitre car elle est un des fondements du lien d'amour. Mais il en est une autre qui mérite maintenant notre attention, puisque, rappelez-vous, nous explorons ici tout ce qui nourrit, dans le couple, les attentes illusoires.

Une sécurité névrotique ?

Aspirer à la sécurité dans le couple est l'expression d'un besoin légitime, nous l'avons déjà dit. Néanmoins, il y a souci quand ce besoin devient névrotique, névrotique étant un autre mot pour dire : « motivé par la peur ». Car ce besoin de sécurité est en lien direct avec un sentiment profond de manque, de « pas assez ». On se sent fondamentalement en insécurité et on a peur. De là, on est prêt à tout pour en sortir.

Quand je réclame, avec force, à mon conjoint qu'il soit, pour moi, pourvoyeur de sécurité, je lui dis que je n'en ressens pas suffisamment en moi. Le fait que je sois objectivement en sécurité dans ma vie n'y change rien ; c'est le vécu subjectif qui prévaut. Or je lui demande à nouveau une chose à laquelle il ne peut pas répondre car le changement que je recherche ne peut venir que de moi : le couple n'a pas le pouvoir de modifier les structures psychiques des partenaires qui le constituent. Dès lors, je me condamne irrémédiablement à la solitude-isolement. Mon compagnon ou ma compagne est bien là, à mes côtés, mais comme je me sens incomplet et « pas assez », je risque de tomber dans l'écueil qui consiste à croire que mon conjoint m'abandonne à ma détresse s'il ne répond pas à mon besoin. Je peux même arriver à la conclusion que mon partenaire ne veut pas répondre à mes besoins. Si j'en arrive là, je n'aurai pas d'autre alternative que de le (la) « tanner », avec de plus en plus d'insistance, jusqu'à ce que j'obtienne enfin ce dont j'ai besoin ! Quelle erreur !

La peur nous conduit vers des chemins de traverse. Dans notre quête de sécurité, elle nous fait adopter des solutions-impasses où nous nous fourvoyons. Pourquoi ? Parce que ces « solutions » sont fondées sur la négation ou le discrédit de soi, elles ne peuvent donc, en aucune façon, être fonctionnelles psychiquement ; elles sont incapables d'être génératrices d'apaisement sur le long terme. La dépendance affective est une de ces voies de garage.

Amour = sécurité = dépendance ?

Qu'est-ce que la dépendance affective ?

Elle pourrait s'énoncer ainsi : « Je ne peux pas vivre sans toi. Sans toi, je ne suis rien du tout. » À première vue, c'est une belle déclaration d'amour. Et pourtant, elle n'en a que les apparences. Ce n'est pas de l'amour, c'est du parasitisme ! Quand on a besoin d'un autre individu pour exister et assurer sa survie émotionnelle, c'est être comme un micro-organisme qui ne peut pas vivre sans son hôte. Il le consomme pour assurer sa propre survie psychique.

Isabelle Filliozat, dans *Trouver son propre chemin*, décrit la dépendance affective comme une quête de réassurance qui se nourrit de la peur de l'abandon et d'une sensibilité extrême à la détresse. Elle souligne combien la personne dépendante considère, le plus sincèrement du monde, que les autres sont là pour elle en exerçant sur eux un subtil pouvoir, par la force même de sa passivité.

Fondamentalement, la dépendance affective, c'est cette incapacité à se sentir plein, complet, entier par soi-même. Ce ressenti intérieur d'incomplétude issu, la plupart du temps, de carences de l'enfance, conduit à l'absolue nécessité de rechercher, à l'extérieur de soi, des personnes susceptibles d'y suppléer. Cette dynamique est, là encore, essentiellement inconsciente : ce n'est pas une décision que la personne dépendante prend, elle y est contrainte par l'angoisse qui lui noue le ventre.

Le scénario de la dépendance

Considérez le scénario suivant : une femme souffrant d'une grande carence d'estime d'elle-même rencontre un homme ; elle commence à s'attacher à lui car elle le perçoit comme susceptible de répondre à son besoin de sécurité. Véritable « trou noir » émotionnel, elle le sollicite sans cesse pour qu'il lui manifeste des marques d'affection. En dépit des efforts qu'il fournit pour la rassurer, rien n'y fait. Ainsi, toujours insatisfaite et terrifiée à l'idée de ne pas être aimée et de le perdre, elle réclame sans cesse sa présence, vivant comme un abandon les moments où il veut prendre du temps pour lui, ce dont elle lui fait le reproche de plus en plus explicitement. Elle se justifie, chaque fois, en lui expliquant que ces demandes ne sont que le reflet de l'amour sans faille qu'elle lui voue. S'estimant lésée de ne pas recevoir ce dont elle a besoin, elle en vient, au fil des mois, à devenir revendicatrice et agressive à son égard. Elle se sent rejetée, incomprise et fait l'expérience de la solitude-isolement. Mais elle n'est pas la seule. Son compagnon se sent, lui aussi, très seul, mais à un autre niveau : il ressent confusément qu'il n'existe pas pour lui-même dans la relation. Il se sent « consommé », « instrumentalisé » par sa compagne qui cherche avant tout à apaiser sa propre insécurité. Ne se sentant pas exister, il se coupe progressivement de sa compagne, car il ne perçoit aucun lien d'amour authentique. Ils sont ensemble, mais ils sont tout seuls !

Que risque-t-il de se passer après quelque temps ?

Submergé par la puissance de l'emprise affective de sa compagne, l'homme se met à étouffer. Cet « amour » envahissant l'emprisonne et, au bout du compte, excédé, il décide de mettre un terme à la relation. Vient alors un déchaînement de colère et de frustration, la femme se trouvant confirmée dans ses croyances : « Les hommes sont tous des salauds » ou encore : « Je tombe toujours sur des hommes incapables de me comprendre ; les hommes ne savent pas me rendre l'amour que je leur donne, corps et âme, de façon inconditionnelle. » La personne dépendante se retrouve finalement seule, face à son vide intérieur ; elle panique, convaincue de ne pouvoir exister par elle-même. Elle n'a pas d'autre alternative que de se mettre aussitôt en quête d'un nouveau sauveur.

On le voit clairement dans cet exemple : dans ce type de relation, le mot « aimer » doit être remplacé par les mots « chercher à combler un manque ». Cette recherche contient implicitement l'idée de contrôle : contrôler la relation pour obtenir ce dont on a besoin, contrôler l'autre pour qu'il n'existe pas en dehors de la relation (ce qui peut signifier, par exemple, le couper de ses amis ou de sa famille). Alors que la personne dépendante est convaincue de tout faire pour son conjoint, par « amour », elle fait, en réalité, très peu de place à ce dernier. En effet, cette personne se focalise tellement sur son propre manque intérieur (et sur les moyens de le remplir) qu'elle est très peu disponible émotionnellement pour autrui. Elle se sent trop mal avec elle-même pour s'occuper réellement du bien-être de son conjoint.

Ou alors, si elle semble se dévouer pour lui, c'est par crainte de le perdre et de se voir privée de sa « nourriture ». Ainsi, en apparence, elle semble faire beaucoup pour son partenaire mais, si on y regarde de plus près, on se rend rapidement compte que sa motivation de fond est soit de le rendre redevable (pour mieux le culpabiliser s'il ne lui donne pas ce qu'elle réclame en retour : « Tu es ingrat et égoïste. après tout ce que je fais pour toi »), soit de se rendre indispensable auprès de lui, au point que ce dernier se retrouve littéralement « coincé » car elle se sera arrangée pour prendre en charge des aspects importants de son existence. Elle aura pris le contrôle de sa vie (la gestion de ses finances ou de son patrimoine par exemple), sans que son partenaire s'en rende compte, le rendant dépendant d'elle ! Habile, n'est-ce pas ?

Pour être juste, il faut dire que le partenaire n'est pas toujours que la pauvre victime de cette dynamique relationnelle. Il peut y jouer, inconsciemment, une part importante. Il est même possible qu'il y trouve son compte ! En effet, s'il est porteur de carences affectives qui l'amènent, lui aussi, à avoir des doutes sur sa valeur personnelle ou sa sécurité interne, il peut être extrêmement valorisant (on dirait « re-narcissisant » en termes psy) de se sentir si indispensable aux yeux de sa compagne. Là, leurs deux névroses marchent main dans la main et vous savez quoi ? Cette relation peut merveilleusement fonctionner pendant des années !

Le coût émotionnel de la dépendance

Néanmoins, le prix est, le plus souvent, bien lourd à payer et cela devient particulièrement manifeste quand, au fil du temps, les névroses respectives cessent de s'imbriquer. Pour reprendre l'exemple de notre couple, quand le compagnon esquisse le désir de prendre plus d'autonomie par rapport à sa compagne, celle-ci s'affole, redoutant à nouveau l'abandon et vivant ce souhait comme une trahison de l'amour qu'elle lui porte ! Un schéma classique de défense est, pour la compagne, l'effondrement dans la dépression. Cette dépression est sincèrement vécue avec souffrance, mais ce qui est beaucoup moins conscient, c'est la fonction de cette dépression dans la dynamique de la relation. En effet, son objectif inconscient peut être de retenir le partenaire par tous les moyens. Soit par la culpabilité : « Regarde où j'en suis rendue à cause de toi. Te rends-tu compte du mal que tu me fais ?! » Soit en sollicitant son côté « sauveur » : « J'ai besoin de toi. Tu es ma vie. Sans toi, je ne suis rien. Sauve-moi, tu en as le pouvoir. Renonce à tes projets par amour pour moi ! » Le compagnon décide de rester et la dépression devient alors le ciment de la relation – et parfois sa seule raison d'être. Le partenaire s'interdit de quitter son épouse dépressive ; il ne veut pas qu'on dise de lui qu'il abandonne lâchement quelqu'un dans la détresse. L'épouse, de son côté, s'interdit de guérir car sa guérison l'exposerait au risque d'être quittée. Au bout du compte, ils se retrouvent, tous les deux, pris au piège de leurs propres filets et immergés, jusqu'au cou, dans la solitude-isolement.

Pascale Senk et Frédérique de Gravelaine développent le concept de « codépendance » qui se confond avec la dépendance affective :

> « L'insécurité affective provient de la peur de ne pas posséder en soi la force nécessaire pour affronter la vie. Cela conduit à la recherche de ressources à l'extérieur de soi. Mais en pure perte car personne d'autre que soi ne peut réparer ce sentiment d'être incomplet, insuffisant [...]. J'attends des autres qu'ils m'aiment à ma place, se dit la personne codépendante. "Je me crois bonne, aimante, efficace, quand j'ai assumé les responsabilités des autres, y compris leurs obligations financières, quand j'ai essayé de maintenir l'équilibre familial, de faire croire que tout va bien."
>
> Il y a sans cesse une quête d'approbation, un sens des responsabilités surdéveloppé : la personne codépendante est plus

facilement concernée par les problèmes des autres que par les siens propres. Elle vit dans la perte, la crainte de l'autorité et de la colère, la terreur de l'abandon qui conduit à supporter des relations pathologiques ou frustrantes. La servitude se révèle dans des symptômes insignifiants, par exemple, ne pas prendre de décision sans se demander ce que l'autre voudrait. Apparemment le réflexe semble altruiste. Mais il peut être une démission vis-à-vis de soi-même, qui évite de s'interroger sur son propre désir. Et une tentative de contrôler l'autre, de gagner son amour[1]. »

La personne dépendante (ou codépendante) vit dans la peur. Dans la peur de perdre. Elle adhère à la croyance qui lui fait penser que : « Pour qu'on m'aime, il faut que je sois comme l'autre veut que je sois. » De là, sous prétexte de ne pas faire de vagues et d'être aimée (je dirais plutôt « d'être approuvée »), cette personne tente d'être celle qu'elle croit que l'autre a envie qu'elle soit. Elle se construit, toute seule dans son coin, une représentation de ce qu'elle s'imagine que l'autre attend d'elle. Elle ne fabrique pas cette image sur la base de ce que son (sa) partenaire attend réellement d'elle, mais uniquement sur la base de ce qu'elle croit qu'il (elle) attend d'elle. La marge d'erreur est énorme ! Elle ne vérifie pas si ce qu'elle imagine correspond effectivement aux attentes de son conjoint. Elle pense pour lui, persuadée que ce qu'elle pense est ce qu'il attend effectivement. Une telle attitude a de nombreuses conséquences négatives.

D'une part, elle se coupe d'elle-même et de ses propres besoins. La priorité est donnée aux besoins de l'autre... ou plutôt, non : la priorité va aux besoins qu'elle s'imagine être ceux de l'autre (ce qui n'est pas

1. Senk P. et Gravelaine F. de, *Vivre sans drogues*, Robert Laffont, 1995.

du tout la même chose !). Si, par exemple, elle s'imagine que son mari attend d'elle qu'elle se « déchaîne » pendant leurs rapports, alors qu'elle est d'un naturel pudique et réservé, elle va se faire violence, en essayant d'être la bête de sexe qu'elle pense devoir être pour satisfaire son mari. Le pathétique de la situation est que son époux peut être effroyablement gêné par ces débordements, mais qu'il n'ose pas lui en parler de peur de ne pas paraître à la hauteur des prouesses de son épouse ! Gigantesque malentendu où chacun perd contact avec ce qu'il est et avec ce dont il a réellement besoin.

La personne dépendante se trompe quand elle croit deviner les besoins de son conjoint. Ce petit jeu de devinettes est très subjectif et il y a de fortes chances pour que ce qu'elle imagine plaire à son compagnon ne corresponde pas à ses attentes. Ce qu'elle ne voit pas, c'est que, la plupart du temps, elle projette inconsciemment sur son conjoint ses propres attentes ! Exemple : elle s'imagine que son compagnon va être séduit par un dîner romantique aux chandelles (sans réaliser que c'est elle qui serait séduite, s'il y pensait !). Quand ce dernier rentre à la maison et voit la table dressée, il se renferme car, après la réprimande de son patron en fin de journée, il a envie de tout, sauf d'un tête-à-tête amoureux. Face à son attitude, elle est déçue, blessée et pleine de ressentiment : « Il n'est jamais content quand j'essaie de lui faire plaisir. C'est désespérant ! »

Le risque ultime de cette attitude, c'est d'inviter l'ennui dans la relation. À vouloir trop coller à ce que la personne dépendante imagine être le désir de son conjoint, elle ne fait que lui tendre un miroir de lui-même. Dans ce qu'elle fait pour lui, il ne voit que lui. Il lui a dit, un jour, qu'il aimait la plongée sous-marine et depuis, pensant lui plaire, elle ne lui parle que de plongée sous-marine et ses cadeaux ne sont qu'en lien avec la plongée sous-marine. Au début, c'est touchant ; mais après trois ans, ça devient très ennuyeux.

Vouloir tout sécuriser

Nous parlons d'ennui. Il est en lien avec la recherche de sécurité. Pour certains, en effet, cette quête obsédante conduit à l'attitude extrême de vouloir tout sécuriser. Comment ? Par la mise en place de comportements ou d'habitudes qui ont pour fonction de « bétonner » la relation : on pense qu'en évacuant tout accroc, tout imprévu et toute mauvaise surprise, on parviendra à la sécurité dont on a tant besoin.

> Jamais mon mari n'organise un week-end ou des vacances, c'est toujours moi. En un sens, ça m'arrange parce que je suis plus exigeante que lui, du coup je décide de tout et je ne suis jamais surprise par ma propre vie : elle se déroule à peu près comme j'avais prévu.

Le seul souci est que cette dame dit souffrir de solitude-isolement. Est-ce étonnant ? À tout vouloir sécuriser pour que les choses se passent exactement comme on voudrait, on crée un climat d'hyper-prévisibilité dans le couple et on anesthésie gentiment la relation. On reste dans le maîtrisé, le connu – et uniquement dans le connu. Au bout d'un certain temps, chacun finit par s'ennuyer ferme. C'est ce que souligne Patricia Delahaie :

> « On trouve cette configuration dans ces relations conjugales apparemment sans histoires et qui pourtant éclatent, à l'étonnement de tous. Le couple semble harmonieux, pas de disputes, pas de rancœur apparente, paisible, calme, bien en ordre, pas d'infidélité – quand ces mariages se terminent, tout le monde est

sidéré : "Mais comment cela est-il possible ? Ils n'avaient aucun problème !" Justement : "Aucun problème" peut, en fait, signifier : "aucun challenge", "aucune émotion", "aucune surprise" : l'ennui à l'état pur ! Il y a effectivement des mariages qui se meurent d'ennui[1]. »

Quand le couple confond « sécurité » et « immuabilité », il se tire une balle dans le pied. Et ce n'est pas le poids de la routine et du quotidien qu'il faut incriminer !

Alors, la recherche de sécurité au sein du couple serait-elle un leurre ? La réponse est clairement oui, *si* (et seulement si) elle renvoie aux schémas de dépendance que nous venons de décrire.

En effet, le point d'origine du sentiment d'insécurité névrotique est avant tout à l'intérieur de soi et il est virtuellement impossible de trouver une quelconque réponse à l'extérieur de soi ! Cela ne peut pas marcher. Nous oublions que nous seuls sommes en mesure de nous apporter cette sécurité dont nous avons tant besoin. Nous reviendrons longuement sur ce point plus tard.

J'ATTENDS DE MON COUPLE QU'IL ME DONNE UNE IDENTITÉ

Avant, j'avais l'impression d'être rien du tout, d'être transparente. Depuis que je suis avec mon copain, j'existe. Ça fait du bien.

Cette jeune femme a 23 ans, mais elle pourrait en avoir 40 que cela ne changerait rien à ses propos. Le

1. Delahaie P., *Ces amours qui nous font mal*, Marabout, 2007.

statut de célibataire se définit surtout par défaut : le fait de ne pas être en couple (incidemment, c'est ce « ne pas être en couple » qui est au cœur de la souffrance de bon nombre de nos concitoyens). Ce constat pointe l'importance des enjeux identitaires liés à la relation de couple.

L'identité, c'est la conscience d'être soi, d'avoir le sentiment d'exister. Mais on n'existe pas en soi, uniquement par soi-même ; on existe par rapport à quelque chose (un rôle, une fonction, un statut) et/ou par rapport à quelqu'un. De là, quand on est en couple et qu'on attend de lui qu'il nous donne une parcelle d'identité, on formule une attente légitime : grâce à lui, on peut se définir, pour soi-même et pour autrui, comme la compagne ou le compagnon de cette personne et, en retour, on la désigne comme étant son (sa) partenaire. Ce gain d'identité est essentiel et il constitue d'ailleurs un des fondements du couple.

De là, on peut comprendre le sentiment de solitude-isolement qui émerge dans un couple comme la perte, la faillite ou la mise en échec de cette attente identitaire. En d'autres termes, quand le couple n'est plus pourvoyeur d'identité, on se sent seul à deux. Ainsi, contrairement à ce que nous avons abordé jusqu'à maintenant et qui parlait des attentes illusoires qu'on fait peser sur le couple, nous allons, dans ce chapitre, nous focaliser, non pas sur la légitimité de l'attente identitaire, mais plutôt sur là où elle est défaillante et où elle ne remplit plus sa fonction.

« Appartenir » à un couple

En quoi le couple est-il porteur d'identité ? Par le sentiment d'appartenance qu'il génère en nous et qui nous fait dire : « J'appartiens à une entité qui s'appelle “couple” ; je me définis comme faisant partie de ce couple. »

Dans *Les Nouveaux Couples*, Robert Neuburger

pousse très loin l'analyse de ce sentiment d'appartenance, source d'identité. Il décrit avec précision les éléments qui sont nécessaires à un couple pour que ce dernier puisse se définir comme tel, afin qu'il puisse exister : on en dénombre deux.

Le premier concerne l'intérieur : c'est ce qu'on appelle l'« intime » qui renvoie à la façon dont le couple se définit à ses propres yeux. C'est la face cachée du couple, son secret d'alcôve, ce qui n'est pas montré ou dit à l'extérieur. Il repose sur :

– ce que Neuburger nomme le « mythe fondateur de la relation ». Il s'agit de l'histoire que le couple se raconte sur lui-même, sur sa propre existence : les circonstances de la rencontre, la magie des premiers instants, les étranges coïncidences et points communs qui ont conforté les deux partenaires dans l'idée qu'ils étaient faits l'un pour l'autre. C'est le récit – plus ou moins édulcoré ou enjolivé – qui constitue la version officielle du couple et à laquelle il se réfère quand il se parle à lui-même.

– les « rituels du couple », qui concernent tous les comportements et petites habitudes qui règlent le quotidien du couple (les repas, la sexualité, etc.). C'est le mode d'emploi que se donne le couple. Ces rituels sont très partiellement révélés à autrui. Ils sont très spécifiques et c'est en cela qu'un couple donné peut se dire unique et différent des autres couples.

Le second élément qui aide le couple à se définir concerne l'extérieur, car il a aussi besoin d'exister aux yeux des autres : la famille et la belle-famille, le cercle amical, les collègues de travail et la société en général (pour être reconnu comme couple « légitime », on doit officiellement passer à la mairie pour conclure un mariage ou un pacs). Comme le souligne Neuburger, le couple pour exister *vraiment* doit obtenir une reconnaissance sociale, chaque membre du couple y puisant ainsi une partie de son identité.

L'enjeu pour le couple est de trouver le juste équilibre et de préserver l'interface entre l'intime et les normes sociales extérieures en veillant, par exemple, à ce que ces dernières ne soient pas trop envahissantes (au point d'empiéter sur l'intime).

L'atteinte du sentiment d'appartenance

De là, il est facile de percevoir où et comment le couple, en tant d'entité pourvoyeuse d'identité, peut être mis en danger. Cela se passe quand le rapport « intime/normes extérieures » est perturbé et ce de deux manières : 1. quand l'intime est attaqué, soit en questionnant la pertinence du (fragile) mythe fondateur, soit en abandonnant ou dénigrant les rituels du couple : « Quand les rituels deviennent des habitudes et les mythes des évidences, le couple se réduit à une unité fonctionnelle sans âme, préservée pour des raisons économiques ou parce qu'il y a des enfants » ; et/ou 2. quand la différenciation du couple par rapport au monde extérieur est remise en question (donc, quand est menacée son existence sociale). Voici quelques exemples pour mieux comprendre de quoi il s'agit :

– Un homme attaque à la hache le mythe fondateur de son couple en disant à son épouse que leur rencontre ne s'est produite que parce qu'il venait d'être éconduit par une autre fille et que, finalement, il ne l'avait choisie, elle, que par défaut. Son épouse s'effondre : suite à cette révélation, son couple perd, à ses yeux, sa raison d'être ; elle ne le voit plus que comme un vaste malentendu.

– Une femme dynamite l'intime de son couple quand son époux l'entend appeler un ami commun « mon lapin », expression qu'il pensait lui être strictement réservée, à lui, dans leur intime. Il se sent spolié ; il se sent trahi et sa vision de sa relation avec sa compagne en est altérée.

– Un homme tourne en dérision un rituel amoureux à laquelle son épouse tient tout particulièrement (allumer une bougie dans la chambre à coucher pour signifier son désir de faire l'amour). En un instant, il le désacralise aux yeux de son épouse qui se sent, du coup, humiliée.

– Le contour social du couple est transgressé par l'envahissement de la belle-mère de Madame qui habite dans le même immeuble. Monsieur est incapable de protéger son couple car il ne sait pas dire non à sa mère. Son épouse lui en veut et elle sent son couple bien fragile et bien menacé par l'hégémonie de cette femme.

Bien heureusement, ces situations ne peuvent pas, à elles seules, détruire le couple, mais elles sont néanmoins de réelles menaces pour le sentiment d'appartenance. Il en découle une atteinte, plus ou moins sévère, de l'identité qui provient de cette appartenance. Or toute perte d'identité est susceptible d'induire un vécu subjectif de perte, de rejet, d'abandon, d'isolement – de solitude-isolement. Il est donc toujours utile de se pencher sur ces composantes du couple dont nous venons de parler : est-ce que notre intime s'est abîmé au fil du temps ? Comment ? Pourquoi ? De quelle façon ? A-t-il subi, de notre part, d'imperceptibles assauts, au point de nous fragiliser dans notre sentiment d'appartenance ? Le cas échéant, comment y remédier ? Est-ce que notre couple est trop « poreux » par rapport à l'extérieur ou, au contraire, vit-il trop en autarcie, au point de ne pas avoir d'existence sociale ? Comment pouvons-nous corriger le tir ? Posez-vous ces questions car cette grille de lecture du couple est extrêmement pertinente. Elle peut vous aider à identifier d'insoupçonnées fuites d'énergie vitale de votre couple, responsables du ressenti de solitude-isolement.

La peur de se diluer dans le couple

> Elle est tout le temps sur mon dos. Elle m'affirme que c'est parce qu'elle aime qu'on fasse des choses ensemble. C'est vrai que ça me fait plaisir, mais pas tout le temps ! J'ai besoin de faire des activités pour moi et de me retrouver, mais, pour elle, c'est le début du désamour, alors que ça n'a rien à voir.

Par ce témoignage, nous sommes à l'exact opposé de ce que nous venons de voir précédemment : nous passons ici du besoin d'exister grâce au couple, à la peur de ne plus exister à cause du couple ! Autant, dans les premiers temps de la relation, on recherchait le troublant et délicieux oubli de soi dans la fusion du couple nouvellement formé, autant, quand la relation s'installe et se pérennise, on craint d'y perdre son âme !

Juste après avoir dépassé la phase d'intense fusion, vous avez commencé à respirer. Vous avez décidé de vous installer ensemble et vous avez appris à danser ensemble le tango du quotidien. De fil en aiguille, vous vous êtes moulé mutuellement dans vos moules respectifs, au point de développer des similitudes de comportements, d'opinions, de modes de fonctionnement. Il a été presque impossible que l'un ne déteigne pas un peu sur l'autre et vice versa. Jusque-là, tout allait bien. Et puis, vous avez pris peur. Arrêt sur image : où suis-je ? Que suis-je en train de devenir ? Ne suis-je pas en train de me perdre dans ce couple – auquel je tiens pourtant ? Non, ce n'est pas de l'ennui – car je ne m'ennuie pas avec mon conjoint. C'est autre chose : l'impression de perdre mon individualité, l'impression d'être un peu « bouffé » par cette vie du couple où j'ai du mal à exister en propre. Il faut que je réagisse!

Là encore, pas de panique! Cette réaction, normale et prévisible, fait partie de l'histoire naturelle de votre couple. En effet, après un certain temps de relation, on constate toujours un sursaut de ce type où les partenaires éprouvent le besoin de se retrouver eux-mêmes. Il survient quand les partenaires sont rassurés sur le fait que leur couple existe et qu'il est suffisamment solide pour amortir leur aspiration mutuelle à plus d'autonomie et d'indépendance. Il est indispensable que vous compreniez ce mouvement intérieur comme une réaction normale d'affirmation de soi, en contrepied à l'intense proximité des premiers temps de votre relation. Vous avez envie de vous inscrire à un cours de théâtre et il souhaite faire de la natation, ce qui signifie que, deux soirs dans la semaine, vous ne passez plus la soirée ensemble et c'est d'accord pour vous deux; vous voulez partir à un week-end de yoga dans le Lubéron et c'est le premier week-end que vous décidez de passer seuls chacun de votre côté, c'est d'accord, là encore; vous avez envie d'aller au cinéma avec vos bons copains (que vous avez délaissés depuis quelques mois) et uniquement avec vos bons copains, etc. Parfois d'ailleurs, quand le besoin d'exister pour soi commence à s'imposer, on se rend compte qu'on est tellement entré dans un fonctionnement exclusif de couple qu'on ne sait plus comment exister par soi-même! Il est normal d'être un peu déstabilisé pendant qu'on prend ses nouvelles marques.

Si le virage est bien négocié dans le couple, l'autonomie et le désir d'indépendance de chacun sont respectés et la transition s'opère avec élégance. Chacun y trouve son compte et le couple en bénéficie grandement car il est, par l'un et l'autre, perçu positivement comme le lieu privilégié où l'expression des désirs et besoins spécifiques de chacun est promue et favorisée.

Les dérapages

Mais il y a parfois des ratés. Car ce temps de transition, aussi normal soit-il, n'en est pas moins déstabilisant pour certains partenaires dont l'assise émotionnelle n'est pas très sûre. Ils se sentent très rapidement rejetés ou abandonnés aux premiers signes d'autonomisation de leur conjoint et, loin d'y voir un processus naturel, ils s'affolent. La même chose se produit quand ce désir d'indépendance n'est pas synchrone : l'un a envie de bouger et commence à regarder au-delà du couple, l'autre n'en est pas encore là et il prend peur. Les interprétations les plus effrayantes s'immiscent dans l'esprit : « Je ne l'intéresse plus, elle a envie d'aller voir ailleurs », « il se rend compte que je ne suis pas si bien que ça et il est en train de prendre le large... »

Cela va souvent de pair avec la croyance (erronée évidemment) que le couple doit être pourvoyeur de toute satisfaction personnelle (« hors du couple, point de salut »). Un des conjoints s'arc-boute sur la conviction que les besoins du couple doivent, en tout et pour tout, prévaloir sur les désirs et les besoins personnels (surtout quand ces derniers ne vont pas dans le sens du couple, du « nous »). Une telle vision interdit donc toute velléité d'aller exister ailleurs et c'est aussitôt un drame si un des partenaires s'avise de transgresser cet interdit. C'est l'étouffement assuré car cela signifie qu'on ne peut pas exister en tant qu'individu dans une telle configuration de couple ! On se condamne mutuellement à l'abandon pur et simple de ses besoins propres. Or, on l'oublie trop souvent, abandonner ses besoins, c'est s'abandonner soi-même. Et s'abandonner soi-même, c'est abandonner l'autre dans la foulée. Voilà un bel aller simple vers la solitude-isolement !

À long terme, ce comportement épuise le lien

d'amour car un amour qui étouffe s'étouffe lui-même. Le risque est qu'un beau jour l'un des partenaires se réveille et arrive au constat qu'il ne veut pas de cette vie où il ne peut pas exister en tant qu'individu. À trop vouloir protéger le « nous », on a mis le « je » en prison et, désormais, il ne rêve plus que d'une chose : se libérer de ses chaînes. Piètre stratégie.

5

Le couple pour réparer les blessures de mon passé ?

Le sentiment de solitude que je ressens dans mon couple est, je crois, relié à mon enfance, à la perte brutale de ma mère et, plus globalement, au manque de communication qui régnait dans ma famille. J'ai appris à me débrouiller seule, j'ai beaucoup de mal à faire des demandes, à reconnaître et à parler de mes besoins. Mes relations affectives ont souvent été faites de ruptures radicales quand ça devenait trop difficile pour moi.

Monsieur Freud avait vu juste : nos schémas de fonctionnement, nos impasses relationnelles, nos souffrances du présent sont très largement expliqués par les événements du passé – et plus précisément par ceux de notre enfance.

Qu'il s'agisse de ruptures affectives, de manque d'amour, d'attention ou de considération à notre égard, de violences psychologiques ou parfois même physiques envers l'enfant que nous étions ou encore du déni de nos besoins fondamentaux d'autrefois, ces expériences du passé ont laissé leur trace en nous et elles se rejouent inlassablement à l'avant-scène des relations affectives de notre vie d'adulte. Il est donc impossible que notre vie de couple n'en soit pas directement affectée. Mais Freud avait également raison quand il soulignait que tous ces événements du passé sont refoulés dans les méandres de notre inconscient, au point parfois de ne plus en avoir le moindre souvenir. Ils sont là, néanmoins, opérant au-delà de notre conscience et influençant fortement notre vie relationnelle. Certes, nous parvenons intuitivement à percevoir le caractère plus ou moins défectueux de certains de nos comportements ; il est donc logique de chercher à les infléchir. Comme ces comportements se manifestent essentiellement dans le couple, nous arrivons à la conclusion que la réponse doit s'y trouver également. Ainsi, nous nous retrouvons, sans nous en rendre compte, à demander à notre couple qu'il remédie à nos failles intérieures ! Mais peut-il réellement répondre à cette attente de façon adéquate ? Là est la question.

La réémergence des blessures du passé

Nous portons tous des blessures du passé. Même si, de notre point de vue d'adulte, ces blessures peuvent nous paraître mineures ou banales, elles n'en restent pas moins présentes et actives dans notre vie psychique. L'aiguillon de la souffrance qui a été, consciemment ou inconsciemment, ressentie à l'époque continue aujourd'hui à nous tarauder, sous un visage qu'il nous est difficile de reconnaître.

Il est essentiel de comprendre que, depuis notre enfance ou notre adolescence, ces carences affectives ou émotionnelles cherchent constamment une voie d'apaisement et de résolution. Notre esprit essaie sans relâche de cicatriser ses blessures intérieures. Comment s'y prend-il ? En rejouant inlassablement les scénarios d'autrefois dans le but de réactiver les situations conflictuelles ou douloureuses du passé, et avec l'espoir que, cette fois-ci, l'issue sera plus favorable et le problème définitivement réglé. Finalement, l'intention est « saine » (trouver une solution à la souffrance d'autrefois) mais le résultat n'est pas toujours à la hauteur de l'attente !

Tout se passe donc comme si nous avions, en nous, une pièce de théâtre dont la fin ne nous conviendrait pas et que nous rejouerions encore et encore, dans l'espoir complètement fou que nous parviendrons ainsi à générer le *happy end* que nous n'avons pas vécu dans le passé. Les acteurs sont différents mais le texte de la pièce reste le même. Dès que nous rencontrons des personnes susceptibles de répondre à nos besoins d'autrefois, nous distribuons les rôles et nous recommençons à jouer les vieilles scènes du passé, sans même que les protagonistes du présent soient au courant de ce que nous sommes en train de faire ! Il découle de cela que nos scénarios familiaux d'autrefois influencent fortement le choix de nos partenaires d'aujourd'hui. À travers eux, nous recherchons les partenaires qui incarneront, au mieux, les problèmes ou les conflits relationnels que nous n'avons pas pu résoudre dans notre enfance : nous nous débrouillons pour trouver des personnes qui, d'une façon ou d'une autre, font raccord avec notre histoire passée. Ainsi, le rôle de notre père peut, par exemple, être aujourd'hui tenu par notre mari ; notre compagne peut tenir le rôle de notre mère, etc.

Mais il y a un petit problème. Notre nouveau *casting* (cette nouvelle répartition des rôles) est malheureusement essentiellement inconscient : la notion de « choix » du partenaire est donc très relative. Le couple se retrouve alors, à son insu, le théâtre de règlements de comptes qui appartiennent au passé et dont aucun des partenaires n'a réellement conscience. Les acteurs pensent jouer une pièce contemporaine qui concerne des enjeux de leur vie présente, sans réaliser qu'ils rejouent, en fait, une tragédie d'autrefois où les griefs du présent ne sont que de vagues prétextes à la réactivation d'enjeux inconscients du passé familial (et donc qui ne concernent pas directement le couple !).

Nous sommes, par exemple, incapables de comprendre que les conflits de pouvoir qui nous opposent aujourd'hui à notre compagnon sont, en fait, la transposition exacte du conflit de pouvoir qui nous opposait à notre père. Ou encore, nous ne comprenons pas pourquoi nous sommes si angoissés quand notre conjoint est en colère contre nous : nous ne percevons pas que sa colère réactive la peur que suscitait, en nous, enfant, la violence de notre père. Quand nous réagissons, avec une agressivité défensive, à la colère de notre partenaire, notre réaction à son égard peut paraître disproportionnée ou complètement inadaptée à la réalité de la situation présente, mais la violence de notre riposte n'est pas destinée à notre conjoint, mais plutôt à ce père d'autrefois ; sauf que personne aujourd'hui ne s'en rend compte. En retour, notre conjoint réagit sur la base de notre colère du présent, sans comprendre qu'elle ne s'adresse pas à lui, mais à un beau-père qu'il n'a peut-être jamais connu !

Pour compliquer encore plus les choses, il faut réaliser que notre partenaire a ses propres scénarios du passé qui, eux aussi, se réactivent dans le présent ! Sommes-nous particulièrement « tordus » ? Non. Nous essayons, du mieux que nous pouvons, d'apaiser nos conflits intérieurs. Il y a même une certaine intelligence derrière cela, même si elle est un peu défectueuse. En effet, le « choix » inconscient du (de la) partenaire susceptibles de nous aider se fait en fonction de ses propres scénarios. En d'autres termes, nous « choisissons » des conjoints dont les scénarios (les névroses pour parler « psy ») s'emboîtent bien avec les nôtres, comme les pièces d'un Lego ! Plus précisément encore, nous nous choisissons en fonction de nos blessures respectives (exemple : si je veux régler mes comptes avec mon père violent d'autrefois, je vais avoir tendance à rechercher un conjoint lui aussi violent dans le présent, car il a la même configuration psychique que mon père et il me semble donc être la personne rêvée pour rejouer avec lui les violences du passé) en espérant ainsi les dépasser. Malheureusement, ces blessures sont très souvent complémentaires l'une de l'autre. Elles risquent donc de très bien fonctionner les unes avec les autres, nous donnant l'impression d'une « harmonie » parfaite entre nous (même dans la souffrance) ! Nous voilà donc tous deux écorchés vifs aux mêmes endroits (ou à des endroits complémentaires), essayant de nous réparer grâce à notre partenaire qui cherche exactement à faire la même chose avec nous.

Un indispensable décryptage

Un tel constat peut faire peur. Le couple ne serait-il que le théâtre de vos souffrances d'autrefois ? Heureusement non ! Mais il est un lieu privilégié pour qu'elles se réactivent. C'est tant mieux d'ailleurs car il est tout à fait possible que le couple du présent soit réellement le lieu d'apaisement des problématiques du passé. Cela demande beaucoup de vigilance et de clairvoyance de part et d'autre mais il est indéniable que certains couples arrivent à dépasser ensemble leurs fantômes respectifs, grâce à la force de leur amour et à la volonté de ne pas laisser le passé prendre le pas sur le bonheur du présent. Alors oui, je l'affirme : le couple peut prendre soin des souffrances d'autrefois.

Néanmoins, dans les situations de solitude-isolement qui nous intéressent ici, les choses sont beaucoup moins évidentes. En effet, si ni l'un ni l'autre ne disposent d'une grille de lecture suffisamment claire pour percevoir les lignes de force en place dans la relation ou si aucun des deux ne se donne la peine de décoder les situations conflictuelles à la lumière des souffrances du passé, on risque de voir émerger de graves malentendus au sein du couple.

Ce serait réellement d'un grand secours que de libérer le couple de l'injuste poids de problématiques qui ne le concernent pas. Ce serait un réel soulagement de ne pas se retrouver face à cette désespérante tendance à reproduire, en boucle et en aveugle, des scénarios qui ne cessent de faire souffrir depuis déjà trop longtemps. Ce serait une vraie délivrance de ne plus se contraindre à tomber toujours sur le même type de partenaires dont la distance, la négligence, l'incapacité à aimer renvoient directement à celles de ce père ou de cette mère d'autrefois. Quel bonheur cela serait de voir enfin son (sa) partenaire pour ce qu'il est et d'interagir véritablement avec lui (elle), sans être parasité par le filtre déformant d'une représentation parentale dont personne n'a plus besoin.

Quelques exemples pour mieux comprendre

Les notions que nous venons d'aborder sont fondamentales car elles vous donnent des clés essentielles sur comprendre certaines difficultés que vous rencontrez dans votre relation. Ces explications ne vont pas vous permettre de déraciner définitivement les schémas répétitifs qui encombrent votre couple, mais je crois que commencer à prendre conscience du fondement de certains schémas relationnels est le premier pas vers leur éradication. Ainsi, pour vous aider à aller plus loin dans votre réflexion, je vous propose d'étudier cinq scénarios que beaucoup d'entre nous reproduisent. Leur universalité est telle qu'ils vont vraisemblablement faire écho à votre propre histoire.

Scénario 1 : l'abandon affectif

Un parent décède alors qu'on a cinq ans. Ou bien on ne reçoit aucune affection d'un père qui n'est jamais là, tant il est voué, corps et âme, à son travail et à ses maîtresses. Ou encore on est rejeté par une mère qui voit en nous le portrait craché de l'homme qui l'a fait souffrir, etc. Dans ces différents cas de figure – et dans bien d'autres – il y a eu abandon affectif de l'enfant que nous étions et, qu'on le veuille ou non, même si chacun est capable de résilience, il peut persister, dans le présent, un pan de vulnérabilité émotionnelle. Bien heureusement, celle-ci n'est pas irréversible, mais elle a le pouvoir de conditionner certains de nos besoins affectifs et d'engendrer, par conséquent, un rapport à autrui où nous tentons de circonscrire l'angoisse d'abandon qui persiste au fond de notre cœur.

> Je pense que le sentiment de solitude que je ressens dans mon couple me vient d'un manque affectif longtemps ignoré suite au décès de ma maman lorsque j'avais sept ans. Je sais aujourd'hui que cette perte affecte mes relations affectives et me rend dépendante des autres pour combler mes besoins

> Le fait que ma mère ait été très distante joue très certainement dans mes attentes affectives. J'ai mis des années avant de comprendre qu'il était vain d'attendre un geste, un mot d'amour. Du coup, je crois que j'attends certainement une trop grande implication de la part de mon conjoint.

Tout se passe comme si nous étions restés « scotchés » à un état émotionnel d'enfant, en attendant qu'autrui prenne soin de nous et réponde à nos besoins. Le cœur du problème (et incidemment sa solution !) est que nous oublions que nous ne sommes plus dans l'impuissance de l'enfance et que nous avons aujourd'hui les moyens de répondre à nos carences d'autrefois. Nous oublions que nous avons maintenant des ressources intérieures dont l'enfant que nous étions ne disposait pas encore. Nous continuons à raisonner en tant qu'enfant, et pas en tant qu'adulte. Nous nous refusons à faire le deuil de l'amour de ce parent du passé – parce que nous ignorons qu'un tel deuil est nécessaire pour nous libérer du passé ! Nous nous obstinons à attendre que de la solution (annuler l'abandon et recouvrir l'amour dont nous estimons avoir été spolié) vienne d'autrui, et donc de notre conjoint. Tout est en place pour entrer dans les schémas de dépendance affective dont nous avons déjà parlé plus haut. Nous avons vu que la solitude-isolement – pour l'un et pour l'autre – en est la suite logique.

Scénario 2 : l'enfant « thérapeute » d'un parent défaillant

Imaginez la situation suivante : une femme divorce et plonge dans la dépression, suite au départ de son mari. Elle est la mère d'un jeune garçon de douze ans et elle trouve auprès de lui le soutien et l'affection dont elle a besoin pour « tenir » émotionnellement. Sans qu'aucun des deux ne s'en rende compte, ils entrent dans un rapport de soignant/soigné qui, s'il se pérennise, devient alors leur mode privilégié de relation : l'enfant est institué thérapeute de sa mère. Dans un premier temps, il trouve, dans cette configuration, une place de choix car il est l'objet d'un amour qui le comble et la mère, de son côté, y puise un réconfort tel que la recherche d'un nouveau compagnon devient même superflue. Malheureusement, ce type d'amour a un prix pour l'enfant. Inconsciemment, il apprend que, pour avoir une place et recevoir de l'amour, il doit être un thérapeute, il doit être le « sauveur » émotionnel de la personne dont il souhaite être aimé. Cela devient son identité. Il croit qu'il ne peut être aimé qu'à cette condition. En d'autres termes, enfermé dans la croyance que seul le statut de « sauveur » va être pour lui pourvoyeur d'amour, il ne verra pas d'autre alternative pour être aimé que de s'attacher à des personnes qui demanderont à être « sauvées ». Les canards boiteux, les déprimés chroniques, les personnes en souffrance affective, les personnes souffrant d'addiction comme l'alcoolisme ou la toxicomanie. Il ne pourra donc que « choisir » des partenaires fragiles émotionnellement, à l'image du parent déprimé qu'il n'a pas su sauver !

Car c'est là aussi où le bât blesse : l'enfant sait qu'il a échoué dans sa tentative de sauvetage du parent déprimé. D'ailleurs, il ne pouvait qu'échouer car il est impossible qu'un enfant réussisse à sauver le parent de sa détresse émotionnelle. Néanmoins, il persiste en lui un sentiment d'échec et une puissante culpabilité qui seront le moteur le conduisant à essayer de mieux faire avec ses futur(e)s partenaires. Il excellera certainement dans le rôle du sauveur mais cela se fera au détriment de son épanouissement personnel. Coupé de lui-même, car il rejouera une scène du passé qui ne peut pas avoir d'issue favorable dans le présent, il s'enfermera inexorablement dans une solitude-isolement sans issue. De plus, comme il croit qu'il ne peut exister dans la relation d'amour qu'en étant thérapeute de l'autre, il est possible qu'à un niveau très inconscient il ait besoin de maintenir l'autre dans son mal-être, car la « guérison » de celui-ci pourrait signifier la fin de son rôle de sauveur et, selon sa croyance, la fin de son couple ! Formulé autrement, le « sauveur » a besoin de la souffrance du « sauvé » pour exister.

Scénario 3 : se protéger de l'envahissement maternel

Ce scénario renvoie à un grand classique des plaintes de la gente masculine : « Mon épouse m'empêche de respirer ! » Dans *N'y a-t-il pas d'amour heureux ?*[1], Guy Corneau propose une analyse intéressante : quand un homme dit : « les femmes sont étouffantes, envahissantes », explique-t-il, il n'exprime pas nécessairement une défiance vis-à-vis de toutes les femmes. Il s'agirait en fait d'un écho de l'enfance où « les femmes » n'étaient qu'une femme et une seule : maman ! Certes, mais pourquoi cette défiance ? Guy Corneau évoque la situation d'un garçon (qu'il appelle le « gentil garçon ») qui se retrouverait sous l'emprise affective trop importante de sa mère, du fait de l'absence (physique ou émotionnelle) de son père. Le père ne prenant pas sa place et ne donnant pas à son fils l'attention masculine dont il a besoin, la mère a, pour ainsi dire, le champ libre : elle investit massivement son garçon, sans « contre-pouvoir » de la part du père. Ne trouvant pas d'obstacle sur son chemin, la mère a tendance à rester dans une relation fusionnelle avec son fils en lui demandant implicitement d'être aimée sans condition. Le garçon comprend intuitivement que, pour être aimé en retour, il lui faut répondre à cette injonction et cela peut le conduire à négliger ses propres besoins pour satisfaire, en priorité, ceux de sa mère.

Là encore, cela a des conséquences : ce garçon apprend inconsciemment que s'abandonner à l'amour (insatiable ?) de sa mère, de la femme, des femmes, revient à s'abandonner lui-même et à se dissoudre dans leurs besoins. À la limite, il peut arriver à la conclusion qu'être sous l'emprise de l'amour de la mère, de la femme, des femmes équivaut à perdre son

1. Corneau G., *N'y a-t-il pas d'amour heureux ?*, Robert Laffont, 1999.

identité et à ne pas accéder à l'autonomie. Il apprend donc intuitivement que la relation à la mère, à la femme, aux femmes, peut s'avérer « dangereuse » pour son épanouissement personnel. De là, il devient nécessaire de s'en protéger et donc de la mettre à distance, soit physiquement, soit psychiquement. Quoi qu'il en soit, pour ne pas étouffer et ne pas se perdre dans les demandes affectives de la mère, de la femme, des femmes, il devient essentiel de ne pas trop leur révéler son espace intérieur (par peur, par exemple, d'être subtilement manipulé). Le problème est que, une fois adulte, il projette sur sa compagne les mêmes peurs d'envahissement maternel : il met en place et reproduit les mêmes schémas de protection ! Voilà pourquoi il a de telles difficultés à s'engager dans le couple : pour lui, « engagement » signifie inconsciemment « envahissement » ! Il se rétracte dès qu'on empiète sur son territoire ; il se ferme, arc-bouté dans ses peurs et sa compagne se sent abandonnée, sans en comprendre la raison.

Scénario 4 : contrôler pour ne pas être contrôlé

Une version psychiquement plus *hard* du scénario précédent est celle où le garçon se révolte face au mouvement fusionnel de sa mère, mais sans que sa révolte soit manifeste. Il fait de la résistance passive face à ce qu'il croit être une tentative de prise de contrôle de son être de la part de sa mère. Pour contrer cet envahissement maternel et pour juguler la peur que celui-ci suscite en lui, le garçon, devenu adulte, continue à adopter ce mode défensif avec ses compagnes. Pour éviter d'être sous emprise, il prend les devants et coupe l'herbe sous le pied à toute velléité de prise de contrôle féminine. Il développe, en réaction, des attitudes de « contrôle » vis-à-vis de son épouse. Il va donc avoir tendance à « choisir » des femmes plutôt soumises car elles ne sont pas menaçantes. tout en fantasmant sur les maîtresses femmes bardées de cuir qui lui rappellent l'ambivalent plaisir d'être dominé.

Quoi qu'il en soit, l'idée maîtresse est pour lui de ne pas laisser la femme prendre l'ascendant et cela peut aboutir à des comportements visant à diminuer, voire à dévaloriser sa compagne afin qu'elle ne puisse exercer sur lui aucun pouvoir. On voit là combien certaines attitudes machistes prennent leurs racines dans les peurs de petits garçons !

Scénario 5 : la fille en manque du père

> Je suis très exigeante, j'ai très peur d'être abandonnée et j'ai une demande d'amour énorme ; j'aurais besoin qu'on me fasse la cour constamment. Je ne fais pas confiance [...]. Le fond du problème, c'est cette demande d'amour à laquelle mon père n'a jamais su répondre
>
> Je suis déçue parce que j'idéalisais trop la relation de couple. Je pense qu'inconsciemment je voulais que mon mari me comble sur tous les plans et qu'il répare ce manque affectif de mon enfance trop présent chez moi. C'est en lien avec mon père. Mais je sais que je lui en demande trop.

Ce scénario est le pendant, en négatif, des précédents. Et il parle, à nouveau, de l'absence – effective ou symbolique – du père. Dans ce cas de figure, la fille est en manque du rôle que ce père devait jouer dans sa vie affective de femme en devenir. En effet, son sentiment d'existence, en tant que femme notamment, dépend, en partie, du regard que son père, en tant qu'homme, a porté sur elle. Par ce regard masculin, radicalement différent du regard maternel, elle peut s'identifier comme femme. Elle est validée, reconnue dans sa différence sexuelle. S'il y a carence de ce regard, elle n'aura de cesse, une fois adulte, de le rechercher dans les yeux des hommes dont elle se fera aimer. D'où peut-être l'obsession du couple et de cet espoir de restauration de son image par le regard aimant d'un homme qui saura la regarder comme son père n'a pas su le faire. D'où peut-être aussi l'impression de ne pas exister hors d'une relation affective (car c'est peut-être le seul lieu où elle pense qu'elle pourra recevoir ce regard structurant). Il en découle de très fortes attentes quant aux pouvoirs thérapeutiques du couple, espoirs qui risquent de tourner à la frustration et la colère s'ils ne trouvent pas satisfaction : le conjoint, sans rien y comprendre, fait alors les frais de toutes les souffrances et rancœurs que la petite-fille-devenue-adulte avait stockées en elle, face à l'indifférence paternelle.

Écoutons maintenant ce que nous en dit Guy Corneau :

> « L'arme privilégiée de certaines femmes va être celle de la séduction pour tenter de capter le regard de ce père, de cet homme. D'autres vont "tout donner" en ayant sincèrement l'impression d'être complètement altruistes, aimantes, entières, alors que tout leur comportement vise à occuper une place centrale et à prouver qu'elles existent. En allant plus loin, la femme élevée sans attention paternelle peut même croire que c'est en exerçant une emprise sur lui qu'elle va garder le regard masculin fixé sur elle. Toutes sortes de manipulations pour parvenir à son but, soumission, retrait silencieux, crises de larmes, sont alors mises en œuvre pour le convaincre qu'il doit s'occuper d'elle. Cela finit par produire le contraire de l'effet recherché. La tentative d'emprise motivée par l'insécurité d'une femme fait fuir l'homme ou l'attache à elle pour des raisons autres que l'amour. »

Les scénarios que nous venons de voir ne sont que des exemples parmi tant d'autres. Néanmoins, ils nous permettent de mieux comprendre en quoi les enjeux émotionnels de notre passé influencent notre vie relationnelle du présent. De même, vous aurez certainement remarqué combien ces différents scénarios sont susceptibles de se conjuguer et de s'emboîter aisément les uns dans les autres.

Par exemple, si on joint ensemble les scénarios 3, 4 et 5, cela peut donner la configuration suivante : une jeune femme, en carence de regard paternel, va en réaction se montrer très en demande vis-à-vis de son mari qui lui de son côté cherche inconsciemment à se dégager de l'emprise maternelle. En conséquence, il ne va pas répondre aux attentes pressantes de son épouse et, moins il y répond, plus elle se sent mal. Cela la conduit à lui demander – avec insistance – d'être aimée comme elle en aurait besoin. Mais plus elle lui demande avec une intensité (et une irritation) croissante, plus il se sent menacé. Il se place alors en position défensive et met en œuvre la protection psychique qu'est, pour lui, le retrait émotionnel. Elle, de son côté, n'a qu'une idée : le ramener à elle ; lui n'a qu'une idée : partir en courant. Fondant leur relation sur leurs carences et souffrances du passé, tous deux se déconnectent involontairement l'un de l'autre. Ils s'aiment très certainement mais, au fil du temps, leurs souffrances d'autrefois les amènent à s'enfermer dans une bien triste solitude.

La nécessité d'un travail intérieur

Je vous vois blêmir. Il est vrai qu'à la lecture de ce qui précède, vous pourriez aisément vous laisser aller au désespoir tant le poids du passé semble écrasant ! Bien sûr, nous pouvons continuer à nous percevoir enfant, en perpétuant ce sentiment d'impuissance et de pauvreté qui en découle, mais nous ne sommes plus enfant et notre vie est aujourd'hui celle d'un adulte disposant d'un niveau de compréhension et de capacités de changement que l'enfant que nous étions n'avait pas. Plus personne n'est aujourd'hui responsable de notre bien-être car la vérité est que nous en sommes désormais les dépositaires. Même si nous voulons prétendre le contraire. Cette idée est peut-être révoltante pour certains, mais nous ne pouvons pas continuer à nous dé-responsabiliser, en faisant indéfiniment porter à nos parents le fardeau de nos difficultés relationnelles du présent. Non pas parce qu'ils ne sont pas, en partie, responsables de notre éventuel mal-être – nous venons de voir que c'est parfois le cas –, mais parce que nous avons aujourd'hui les moyens de prendre nous-même en charge nos propres blessures. Nous n'avons pas à demander à nos parents qu'ils payent, *ad vitam œternam*, pour leurs « erreurs » du passé.

Si nous voulons nous affranchir du passé, il nous faut apprendre à le regarder en face, afin d'identifier où sont nos points de rupture, nos fragilités, nos vulnérabilités. Partant de là, soit nous nous acharnons à obtenir un pardon de la part des parents (qui ne comprendront pas ce qu'on est en train de leur demander ou qui refuseront d'accorder ce pardon parce qu'ils ne s'estiment pas en faute), soit nous lâchons prise, intérieurement et en connaissance de cause, sur un passé qui ne pourra, de toute façon, jamais être réécrit. Nous pouvons rester des années embusqué, avec, au creux de notre main, la pierre brûlante de notre rancœur, prêt à la lancer sur le parent dès qu'il viendra vers nous ; il y a de grandes chances que nous nous retrouvions la main complètement brûlée et que notre parent ne vienne jamais vers nous. Autant apprendre à lâcher la pierre qui nous fait mal et continuer notre chemin en essayant de créer du bonheur pour nous-même dans le présent. Ainsi, si nous voulons embrasser la richesse de notre existence, nous n'avons pas d'autre choix que d'assumer le passé, aussi douloureux soit-il et même si nous nous considérons victime. Tout autre positionnement conduit à l'enkystement de la détresse psychique et du ressentiment : c'est une impasse que je vois tous les jours en psychothérapie.

L'apaisement passe par un travail psychothérapeutique. On peut, certes, s'en passer, si les difficultés relationnelles ne sont pas majeures et s'il y a suffisamment d'intelligence de part et d'autre pour se débarrasser des empreintes du passé. Mais si la situation du couple est telle qu'aucun des deux n'a le recul nécessaire pour faire la part des choses, il faut bien se rendre à l'évidence : seule une psychothérapie a une chance d'améliorer la situation. Je vous parle ici d'une psychothérapie individuelle, pas d'une thérapie de couple. L'enjeu de ce travail est de vous aider à identifier vos scénarios du passé et d'apprendre à ne plus les rejouer, en boucle, avec votre partenaire. Il vous aide aussi à sortir de la haine de vous-même et de la stérile amertume envers vos parents. Il vous restaure dans votre dignité si vous avez subi des abus de quelque nature que ce soit.

Au bout de votre parcours, ayant acquis cette compréhension et cette distance intérieure, vous pourrez alors demander légitimement à votre couple de vous « réparer », en vous permettant de modifier en conscience les scénarios du passé sans vous tromper sur votre rôle et votre place. De là, grâce à votre relation du présent, vous disposez d'un moyen précieux pour apprendre ce que vous n'avez pas pu apprendre autrefois. Votre couple peut authentiquement vous soigner et vous donne une seconde chance d'apprendre le véritable sens du mot « aimer ».

La thérapie de couple

Néanmoins, de la thérapie individuelle à la thérapie de couple, il n'y a qu'un pas, mais il est de taille. En effet, autant la thérapie individuelle se focalise sur les fonctionnements intrapsychiques de la personne (ses blocages, ses inhibitions, ses schémas de répétition, etc.), autant la thérapie de couple s'attache à explorer, en priorité, la relation en tant que telle : les lignes de force qui déterminent sa dynamique spécifique, ses règles du jeu implicites, ses codes, etc. L'objet de l'étude n'est donc pas les partenaires pris individuellement, mais le couple en tant qu'entité. Est-ce que tous les couples en difficulté devraient consulter un thérapeute conjugal ? Ce souhait est souvent formulé par l'un des partenaires, mais on constate qu'il est rarement suivi de faits. Les raisons sont bien trop nombreuses pour être abordées ici ! La bonne nouvelle est que beaucoup de couples qui vont mal ne font pas de thérapie et que beaucoup s'en sortent très bien. C'est seulement quand la situation devient totalement inextricable qu'une aide extérieure s'avère précieuse – même indispensable.

Trop souvent, on croit, à tort, que tous les problèmes du couple renvoient nécessairement à des difficultés personnelles qui rejaillissent sur la relation. C'est faux : des personnes parfaitement bien équilibrées peuvent se trouver en proie à des difficultés conjugales dont la réponse est à trouver dans leur mode d'interaction en tant que couple. Ainsi, par exemple, le couple peut être fragilisé dans son existence quand les rituels amoureux sont négligés ou banalisés ou encore quand le couple perd son sentiment d'unicité par une intrusion trop forte en son sein de l'environnement extérieur. Très souvent d'ailleurs, les couples viennent consulter non pas pour les problèmes de fond qui fragilisent la relation, mais pour les conséquences de ces problèmes : les partenaires confondent les causes et les effets. Par exemple, la dépression du conjoint est perçue comme la cause de la dégradation de la relation, alors qu'elle n'en est que la conséquence ; la vraie raison est à chercher ailleurs. Et c'est là où le thérapeute de couple entre en jeu.

Comme l'écrit Antoine Malarewicz :

> « Le thérapeute de couple est un "ritualiseur" de mariage. Il propose un lieu, des règles de discussion, des recadrages, la définition de nouvelles finalités. Chacun peut y trouver le moyen de franchir une nouvelle étape dans son cycle de vie [...]. Le thérapeute de couple ne peut que complexifier les relations appauvries. En ce sens, il est l'amant ou la maîtresse relationnelle qui introduit de nouvelles représentations de ce que chacun peut trouver ou retrouver dans le couple. Celui qui cherche à réintroduire un jeu de cache-cache pour que chacun puisse de nouveau accepter d'être étonné par l'autre[1]. »

Il appartient donc au thérapeute conjugal de faire changer les partenaires de terrain car leur champ de perception est étroit. Le thérapeute les aide à identifier les forces inconscientes (au sens « non conscientes ») qui président à leur relation et leur propose d'autres grilles de lecture de leur situation ; l'objectif étant de les amener à construire une autre dynamique relationnelle.

Une des difficultés majeures que rencontrent les thérapeutes est le décalage de motivation entre les membres du couple : l'un(e) est clairement moteur dans la décision de s'engager dans le travail psy conjugal, l'autre suit, bon an, mal an, avec un niveau d'implication très aléatoire, souvent ancré dans la conviction que cette démarche est vaine et sans espoir. Ou encore l'un(e) souhaite que la situation change, alors que l'autre est très réticent, voire complètement réfractaire au changement. Il est aussi intéressant de souligner que certain(e)s partenaires « utilisent » les séances de

1. Malarewicz A., *Le Couple : 14 définitions décourageantes donc très utiles*, Robert Laffont, 1999.

thérapie conjugale pour précipiter la fin de la relation : ils (elles) la vivent comme un prélude à la rupture (qu'ils désirent ardemment) et font tout, plus ou moins consciemment, pour que l'autre partenaire – et le psy ! – se rallient à leur conclusion. C'est là que réside tout le talent du thérapeute : il doit pouvoir identifier ces motivations inconscientes et les mettre au grand jour pour tendre vers une résolution harmonieuse de la problématique conjugale.

6

Quand la vie s'y met

L'amour est capable de déplacer des montagnes, nous dit-on. Sûrement, mais il est des montagnes qui sont parfois plus lourdes que d'autres, au point que les épaules de l'amour ne sont pas assez larges.

Certains événements de vie ont, en effet, une force suffisante pour « impacter » le lien d'amour existant entre les deux êtres. Je ne vous parle pas de catastrophes qui objectivement plongeraient n'importe qui dans le chaos, comme une guerre ou un tsunami. Je fais référence ici à des circonstances courantes de la vie et c'est justement parce qu'elles sont banales et de l'ordre du quotidien qu'on méconnaît leur impact potentiellement délétère sur la relation : la survenue d'un ou de plusieurs enfants dans la dynamique du couple et, a contrario, le départ de ces mêmes enfants parvenus à un âge où ils commencent à voler de leurs propres ailes ; la survenue de la fameuse crise de la quarantaine ou encore l'apparition de la maladie ou d'un handicap chez l'un des deux conjoints, etc. Des circonstances qui constituent autant de temps de transition et d'ajustement pour le couple.

Il serait facile de se dire que les couples qui sont ébranlés par de tels événements – somme toute, le lot de tous – souffraient, en amont, de difficultés relationnelles. Mais cette hypothèse n'est pas valide car, en étudiant l'histoire de couples exposés aux circonstances de vie que nous allons décrire, certaines peuvent induire, à elles seules, un vécu de solitude, quand bien même le couple n'allait pas si mal que ça, avant leur survenue. C'est particulièrement vrai, par exemple, quand la dépression frappe un des conjoints. Si la dépression dure longtemps, le (la) partenaire peut effectivement se sentir très seul(e) et coupé(e) de son conjoint.

Il existe également des circonstances où le vécu de solitude-isolement s'installe progressivement car, à un moment ou à un autre, il y a eu comme une faillite transitoire du couple dans sa propension à amortir correctement l'événement. Or il se trouve que l'un des partenaires – ou les deux en même temps – s'attendait à ce que l'autre (ou à ce que le couple, en tant qu'entité) soit suffisamment fort et solide pour y faire face sereinement. Cette défaillance crée un flottement dans la relation et, s'il n'est pas rapidement pris en compte, l'accroc initialement insignifiant finit par grandir au fil du temps. Le cœur de cette détérioration subtile du lien est alors de l'ordre de la déception. La déception qui procède du fait de ne pas pouvoir compter sur son couple, alors qu'on l'espérait.

Je ne suis pas en train de vous dire qu'il n'est pas légitime d'attendre le soutien de votre partenaire dans vos transitions de vie. Il (elle) est évidemment aussi là pour ça ! Je dis simplement que, parfois, l'attente est déçue car certains éprouvent plus de difficultés que d'autres à gérer les goulots d'étranglement de l'existence.

La place des enfants

« Lorsque l'enfant paraît, le cercle de famille applaudit à grands cris », écrit Victor Hugo. Il y a, de fait, du bonheur dans la venue d'un enfant et ce projet est au cœur de quasiment toutes les relations de couple. Pour beaucoup, il en est même un des fondements, presque sa raison d'être. Néanmoins, passer de l'idéal du couple avec enfant(s) à la réalité concrète de ce que cela veut dire au quotidien n'est pas toujours un virage facile à négocier.

Revoir les lignes de force de la relation de couple

Le jeune couple commence à construire son histoire de couple ; il invente ses règles et ses rituels et trouve progressivement sa vitesse de croisière. Et, un jour, un test de grossesse revient positif. Surprise, angoisse, joie, émoi. Il s'amorce alors les prémisses de la future configuration familiale où le couple conjugal commence imperceptiblement à s'ajuster à un nouveau mode de fonctionnement : celui du couple parental. En effet, le bébé qui fait son entrée, neuf mois plus tard, bouleverse, de fond en comble, tout ce qui avait été jusque-là mis en place dans la relation. Les priorités changent, chacun s'adapte, comme il peut, à son nouveau statut de parent, au risque, justement, de ne voir plus que ça : le statut de parent. Ce nécessaire et indispensable ajustement relègue très souvent au second plan des aspects essentiels à la relation, comme l'intime et le sexuel. Mis entre parenthèses pendant de longs mois, les deux partenaires ont alors la surprise de rencontrer des difficultés quand ils commencent à sortir la tête des couches et des biberons et qu'ils aspirent à se retrouver « comme avant ». Est-ce suffisant, en soi, pour engendrer la solitude-isolement ? Heureusement non, dans la mesure où chacun est conscient du caractère normal et prévisible de ces difficultés et que cela n'est pas pointé comme la preuve d'un dysfonctionnement de la relation. Il est important de réaliser que ces enjeux réapparaissent à chaque nouvelle grossesse.

En revanche, la solitude est susceptible d'émerger quand, par exemple, un des partenaires ne respecte pas les termes du contrat tacite de soutien mutuel dans la prise en charge du quotidien. Ainsi, une jeune femme, devenue maman depuis huit mois, peut se sentir terriblement seule et abandonnée par son conjoint face à l'ampleur des tâches qui la submergent. La colère et la déception sont au rendez-vous.

> Depuis la naissance de mes jumeaux, je me sens complètement seule, il faut que je gère tout, toute seule : je jongle entre les repas, la vaisselle, les nuits sans sommeil, le ménage, etc. Et ajoutez à cela la construction de la maison, les animaux, mon travail ! Je me débats avec tous les problèmes, et lui, il fuit ; c'est tellement plus facile !

Un autre cas de figure est celui où l'un des partenaires surinvestit son rôle de parent. Là encore, il ne faut pas y voir systématiquement l'expression d'un malaise conjugal préexistant ; le nouveau statut de parent peut être parfois tellement porteur de bonheur et de satisfaction que l'intérêt pour l'enfant devient massif au détriment du conjoint qui se sent alors totalement délaissé. Et cela n'est pas que l'apanage des hommes qui se plaignent très souvent de ne plus retrouver leur compagne, tant leur place de mère prend le devant de la scène. Les femmes aussi peuvent souffrir de cet état de fait :

> Ma fille manifeste tellement sa préférence pour son père que je me sens rejetée. C'est une forme de solitude où je ne me sens pas aimée comme je voudrais l'être.

> La naissance de notre fille a dégradé nos rapports : j'ai eu des débuts très difficiles avec ce bébé et mon mari s'en est beau-

coup occupé. Il a, en quelque sorte, pris la place traditionnelle de la mère. Aujourd'hui, j'essaie de récupérer cette place et c'est difficile, d'une part parce que la petite est folle de son papa, d'autre part parce que lui aussi est fou d'elle ! Somme toute, j'ai l'impression de n'être la priorité de personne dans cette relation à trois. J'ai parfois envie de m'en aller et de les laisser là tous les deux.

Le syndrome du nid vide

Là, contrairement à la situation précédente, ce n'est pas l'arrivée de l'enfant qui déstabilise le couple, c'est son départ ! On parle alors du « syndrome du nid vide » qui décrit le vécu émotionnel d'un parent (il s'agit très souvent de la mère) quand son dernier enfant quitte la maison. Elle se retrouve dans une maison « vide », seule avec son conjoint et l'angoisse – ou la déprime – monte. Pas toujours néanmoins, car un autre syndrome (le syndrome de Tanguy !) vient en contre-pied du « nid vide » : on observe, en effet, cette tendance actuelle où les jeunes restent très (trop ?) longtemps au domicile de leurs parents (en raison d'études prolongées, par exemple) et ces derniers commencent à trouver le temps long. Voilà pourquoi les parents, loin d'être effondrés au départ de l'enfant éprouvent, au contraire, un authentique soulagement quand leur rejeton se décide – enfin – à prendre son indépendance !

Néanmoins, le phénomène du nid vide existe : la mère se sent soudain inutile, désorientée, en perte de repères, incertaine de ce que l'avenir lui réserve. C'est une crise identitaire où elle se sent dépossédée d'un rôle auquel elle s'était fortement identifiée depuis des années. Il est donc normal qu'elle se tourne vers son compagnon pour qu'il l'aide à aborder sereinement cette transition de vie. Si la relation est en bonne santé, l'ajustement se fait avec souplesse ; il peut même être l'occasion d'un renouveau dans le couple.

En revanche, si ce tournant est mal négocié et s'il existe des germes de perte de lien, la solitude-isolement peut être au rendez-vous : soit parce que le conjoint ne parvient pas à accompagner correctement son épouse, ayant « oublié » comment interagir avec une femme qu'il avait appris à ne plus voir que comme une mère plus que comme une épouse, soit parce que ce nid vide est, en fait, révélateur d'un dysfonctionnement ancien au sein du couple. Les deux partenaires se rendent compte, avec stupeur, qu'ils sont devenus des étrangers l'un pour l'autre, au fil du temps, et qu'ils n'ont finalement plus rien à se dire. Rien n'est perdu néanmoins, mais il est vrai qu'un réel mouvement de réinvestissement de la relation s'impose, si on ne veut pas se retrouver à vivre en solo émotionnel, l'un à côté de l'autre, jusqu'à la fin de ses jours.

L'enfant « dernière chance »

Enfin, il est des situations où l'enfant occupe une place qu'il n'aurait jamais dû tenir. C'est le cas de figure où l'enfant devient l'enjeu inconscient de la souffrance conjugale. Là, contrairement aux situations que nous venons de décrire, il y a réellement problème dans le couple. Ainsi, pour tenter d'y remédier, un des partenaires (ou les deux) essaie, plus ou moins consciemment, d'introduire un tiers dans la relation : chacun espère que l'arrivée d'un bébé va résoudre le malaise conjugal. Le pauvre gamin se voit alors introniser « enfant-solution » et il porte, dès sa naissance, la terrible responsabilité de réparer le couple parental. Pire encore, si c'est un garçon, par exemple, il peut devenir le substitut du père, sa présence contrebalançant, aux yeux de sa mère, le manque d'intérêt de son compagnon. C'est parfois très explicitement nommé : « Au moins, je compte pour mon enfant, reconnaît une mère. Et il me le rend bien ! Ce n'est pas comme l'autre. » Dans les scénarios les plus malheureux, le père conçoit l'enfant pour que son épouse ait « un os à ronger » ! Il trouve, par l'enfant, un moyen de se protéger des requêtes ou demandes affectives « envahissantes » de son épouse ; en détournant l'attention de la mère sur l'enfant, il se ménage un peu d'espace pour lui-même. Inutile de dire que, ayant grandi dans un tel contexte, l'enfant, devenu adulte, fera la fortune d'un psychanalyste !

Le deuil

Quand la mort frappe, on bascule dans un tout autre cas de figure : c'est le décès d'un enfant, d'un parent âgé, d'un membre de la fratrie. Mais je vais prendre ici l'exemple de la perte d'un enfant. Ce deuil fait l'effet d'une bombe : il y a le point d'impact où se loge la souffrance du manque et il y a l'onde de choc dont on méconnaît parfois les conséquences au sein du couple.

Je travaille, depuis des années, avec des parents qui ont perdu un enfant. Cette mort est d'une telle violence qu'elle propulse quasi immanquablement les deux parents dans un indescriptible sentiment de solitude. Mais ce que la plupart ignorent, c'est qu'il s'agit là d'un mouvement normal, inhérent au processus de deuil. Très souvent, bon nombre d'entre eux se trompent sur la nature de ce deuil et de la solitude qu'il induit. Ils en viennent à croire – de façon erronée – que leur conjoint n'est pas la bonne personne pour eux car ils se disent que, si leur relation était solide, leur partenaire serait capable d'apaiser leur douleur. Ils en déduisent un peu trop vite qu'ils se sont trompés sur son compte. En faisant le constat amer de cette solitude (qui n'est pas à proprement parler une perte de lien entre eux, même si cela en a très fortement l'apparence), certains en viennent à se poser les mauvaises questions sur la pertinence de leur relation d'amour et ce questionnement en conduit malheureusement plus d'un à y mettre un terme. C'est en cela que la mort d'un enfant peut potentiellement mettre en danger le couple. C'est tellement regrettable car cette situation est davantage le reflet d'une carence d'accompagnement de ces personnes en deuil que d'une réelle déconnexion au sein de leur couple. Une aide extérieure peut authentiquement aider les parents en deuil à traverser ce cap douloureux, sans avoir à s'imposer, en plus, la souffrance d'une inutile séparation.

Ainsi, si vous êtes en deuil (qu'il s'agisse d'un enfant ou de toute autre personne) et que vous en voulez à votre partenaire de ne pas être assez présent à vous, n'allez pas trop vite à la conclusion qu'il y a un problème dans votre relation. Je ne suis pas en train de vous dire que le deuil ne peut pas être révélateur de difficultés conjugales préexistantes (incidemment, c'est souvent le cas), je vous mets en garde par rapport à des décisions trop attentives – et trop émotionnelles – qui résultent de la méconnaissance de la dynamique propre du deuil. Pour plus d'informations à ce sujet, je vous renvoie à mon livre *Vivre le deuil au jour le jour*[1].

Les aléas de la vie professionnelle

En fait, ce qui est vrai pour le décès d'une personne aimée l'est également pour tout autre deuil, comme, par exemple, celui plus symbolique de la perte d'un statut professionnel.

On pense aussitôt au chômage ou au passage à la retraite. Ce sont de véritables périodes de deuil qui induisent une crise d'identité susceptible d'ébranler

1. Albin Michel, 2004.

sur ses bases le conjoint chômeur ou nouvellement retraité. Si on prend l'exemple d'un homme de soixante-cinq ans qui quitte son entreprise après vingt ans de loyaux services, il peut se sentir très fragile et vulnérable au point d'avoir besoin de l'aide et du soutien de son épouse. Elle pourra, certes, lui en apporter mais cela ne pourra jamais totalement apaiser son conjoint retraité ou chômeur. Il se voit, en effet, confronté à des enjeux très intimes qui le renvoient crûment au sens de sa vie et à la place qu'il souhaite désormais occuper dans la société. Inquiet sur son avenir, il peut en venir à se refermer sur lui-même. Il laisse sa compagne seule face à un individu qui ne semble plus pouvoir répondre ni à ses besoins, ni à ses sollicitations. Elle se sent abandonnée, lui se sent coupé de lui-même et chacun, dans son coin, souffre progressivement d'une grande solitude. Le problème n'est pas le fait direct d'un malaise dans le couple (même si, là encore, la mise en retraite peut rendre manifeste une difficulté sous-jacente restée dans le non-dit), le vécu de solitude n'étant que la conséquence d'une circonstance transitoire. Il faut prendre le temps de s'y arrêter et de faire le point sur le type de vie qu'on souhaite vivre ensemble. Trop de couples font malheureusement l'impasse sur la nécessité de cet ajustement, alors qu'ils ont tout à y gagner pour négocier à deux, avec intelligence, un nouveau départ.

La maladie ou le handicap

Bien plus éprouvant encore pour le couple : la survenue d'une maladie grave ou d'un handicap pour l'un des partenaires. Ces épreuves ont non seulement le redoutable pouvoir d'isoler socialement le malade (et le conjoint qui l'accompagne), mais elles peuvent potentiellement enfermer l'un l'autre dans une étouffante solitude. Là encore, le lien intime n'est pas rompu à proprement parler, mais l'anxiété générée par la maladie, le stress, l'épuisement, le sentiment d'impuissance, les inévitables éclats d'impatience ou de colère l'égratignent sérieusement. Le conjoint se donne corps et âme à cet accompagnement qu'il vit souvent comme la preuve de son amour pour l'autre. Cependant, à trop vouloir donner sans compter, il encourt le risque de s'épuiser sur la durée et oublier de prendre soin de lui-même. À l'extrême, il peut être sujet à ce que les Anglo-Saxons appellent le *burn out* (littéralement : se griller intérieurement de fond en comble). En effet, le *burn out*, c'est l'épuisement physique et psychique de toute personne impliquée dans une relation d'aide qui va au-delà de ses limites. Ce syndrome ressemble, à s'y méprendre, à une dépression (mais ce n'en est pas une) avec un vécu de fatigue extrême et l'impression de ne plus rien pouvoir donner à l'autre. Il est toujours le résultat d'une négligence de soi et on sait que le *burn out* conduit immanquablement à un intense ressenti de solitude où on se sent douloureusement étranger à son conjoint. Si vous vous reconnaissez dans cette situation, je vous invite à vous référer à mon ouvrage *Vivre ensemble la maladie d'un proche*[1] qui traite de l'accompagnement de la maladie grave d'une personne que l'on aime. Vous y trouverez des clés précieuses pour éviter l'apparition du *burn out*.

Cela nous amène à la maladie dépressive proprement dite. Elle aussi peut faire beaucoup de mal à la relation d'amour. En fait, il n'existe pas une dépression, mais des dépressions avec chacune des caractéristiques spécifiques : les troubles bipolaires, les dépressions réactionnelles, les dépressions saisonnières, etc. Néanmoins, quelle que soit sa nature, souffrir de dépression est extrêmement lourd à vivre au quotidien

1. Albin Michel, 2002.

et cette lourdeur devient également le lot de ceux qui vivent avec la personne dépressive. Un des symptômes de la dépression étant le sentiment douloureux d'être coupé de tout et de tous, il est logique qu'un conjoint déprimé, happé dans sa propre détresse, ne parvienne plus à être disponible pour son (sa) partenaire. Consciente de cela et impuissante à y remédier, la personne déprimée se retrouve, du coup, confinée dans une solitude qui lui semble inextricable. En retour, le (la) partenaire en bonne santé ne peut que vivre la solitude que lui impose la dépression de l'autre. C'est notamment pour cette raison qu'il est indispensable de ne pas laisser traîner une dépression et de se faire aider. Ceci est tout autant valable pour la personne malade que pour son conjoint, si la dépression a un impact négatif sur lui (elle) et qu'elle retentit dans le couple. Un conjoint soutenu émotionnellement par une aide extérieure est souvent plus à même de soutenir et d'accompagner le (la) partenaire dans son combat contre la dépression.

Le non-dit des blessures dans l'histoire du couple

Enfin, il est important d'évoquer des événements de la vie du couple qu'on a décidé, un jour, de passer sous silence, par un accord plus ou moins tacite. C'est cet avortement qu'on avait décidé, il y a cinq ans, le cœur plein de tristesse et d'ambivalence ; c'est cette relation extraconjugale, il y a sept ans : elle savait, il savait qu'elle savait, mais, même si cette relation est terminée aujourd'hui, aucun des deux n'en a jamais vraiment parlé ; c'est ce déménagement à l'autre bout de la France où l'un d'eux a été contraint de quitter son environnement familial, amical et professionnel, pour que son (sa) partenaire saisisse une belle opportunité professionnelle. Le lien n'est certes pas rompu car l'amour et l'affection sont toujours présents, mais ces zones de silence pèsent parfois insidieusement sur la relation, au point de créer, en son sein, des îlots de solitude où chacun se retrouve soudain seul face à ses deuils et à ses peines d'autrefois. C'est fugace, intangible, mais c'est là, comme une petite écharde dans le pied.

Il n'y a pas obligatoirement de réponses à apporter à ce constat. Prendre le risque de mettre (ou de remettre) des mots sur ces événements peut être bénéfique pour le couple, mais cela ne doit pas être systématique. Parfois, c'est vraiment utile, parfois ça l'est moins. Dans certains cas, le fait de garder le silence sur des aspects de ce passé commun est une forme de sagesse. Revenir sur les fantômes, si cela n'aboutit qu'à la réactivation d'une inutile souffrance, me semble vain. Cela ne se justifie que si cette démarche est un mouvement positif poussant vers le haut et susceptible d'apporter une réelle amélioration de la qualité relationnelle.

Ce tour d'horizon des circonstances de l'existence capables d'induire de la solitude dans le couple est certainement un peu rapide et surtout très incomplet, mais il pointe combien il nous faut être, à chaque instant, vigilant à toutes nos transitions de vie, afin qu'elles ne viennent pas altérer, à notre insu, le lien d'amour qui nous relie à la personne qu'on aime. Ces transitions ont donc besoin d'être accompagnées en conscience, éventuellement avec une aide extérieure ponctuelle, et c'est alors que nous nous donnons toutes les chances d'en ressortir plus fort et plus sage.

Mais parfois, en dépit de tous les efforts, ou à cause de l'absence de tout effort, il est trop tard pour inverser une dynamique de dégradation de la relation. Là, alors, il devient nécessaire d'envisager la rupture…

Si la séparation est inévitable

J'aborde cette question avec réticence car elle ne va pas dans le sens de ce que je souhaite vous transmettre à travers ce livre. Néanmoins, puisque nous envisageons les tenants et aboutissants de la perte du lien d'amour, il nous faut, en toute logique, aller jusqu'au bout et parler très directement du cas de figure où la séparation devient la seule option possible. Je vous propose d'examiner les grands axes qui gouvernent la dynamique de la rupture[1].

Les prémisses de la séparation

La solitude-isolement s'est lentement installée, le lien d'amour s'est progressivement dégradé, chacun assiste, triste et impuissant, à la perte de l'intime, à la perte du désir. Le plaisir d'être ensemble a depuis longtemps disparu. Plus on attend, plus la situation devient irréversible. Certains jettent l'éponge sans livrer bataille et se résignent à une vie de couple de façade. Le lien est rompu mais ils choisissent de rester ensemble car, pour mille raisons, c'est un moindre mal.

Mais pour d'autres, une telle vie n'est pas envisageable. Il est trop tard, même si, au début on n'ose pas encore se l'avouer. On arrive au constat que le couple est bel et bien moribond. Cependant, même pour le conjoint qui en fait le premier le constat, ce n'est jamais aussi tranché. Il persiste toujours quelque chose de l'ordre de l'espoir qui pousse à croire qu'on peut encore sauver les meubles. On se lance alors dans une recherche de solutions qui a pour objectif de modifier

1. Ce chapitre est un bref résumé d'un de mes précédents ouvrages qui traite spécifiquement de ce sujet, *Le Couple brisé* (Albin Michel, 2002), auquel je vous renvoie pour plus de précisions.

la dynamique mortifère de la relation. Trois pistes s'ouvrent alors :

1. Changer la relation : comment faire bouger les lignes de force de la relation ? Faire un bébé. Acheter une vieille bicoque à restaurer tous les week-ends pour « occuper » le couple et faire diversion. Se rapprocher de sa famille d'origine en espérant qu'elle fera « tampon » par rapport au conjoint qu'on ne supporte plus, etc.

2. Changer le (la) partenaire : faire pression pour qu'il perde du poids (car je ne la désire plus), pour qu'il se cultive davantage (car il me fait honte avec son inculture), pour qu'il change ses priorités professionnelles ou ses manières d'être.

3. Se changer soi-même : là, on commence à fonctionner en cavalier seul en excluant délibérément le conjoint de tous ses projets et activités. On prend soin de soi, mais, à la différence des moments légitimes où on a besoin de temps pour soi dans le couple, ces moments n'intègrent plus l'autre. Le conjoint cesse progressivement d'être pris en compte. En fait, on abandonne la relation ; on renonce à en attendre quoi que ce soit et on espère que ce *modus vivendi* va assurer un bonheur relatif. Cela peut aussi passer par le fait de prendre un amant ou une maîtresse. On peut y voir également une façon de se préparer à une future vie de célibataire.

Le point capital à souligner ici est que l'autre partenaire n'est pas nécessairement au courant que son conjoint entre dans une telle logique. Ce dernier, en effet, tente de mettre en place des solutions, mais sans que l'autre soit au courant des véritables enjeux ! Comme la plupart du temps, aucun des partenaires n'a pu, ou n'a osé, mettre à plat les difficultés du couple, l'un ne va pas toujours être conscient que l'autre s'engage dans une ultime démarche de sauvetage de leur relation. Or, comme il n'en mesure pas l'enjeu, il ne va pas se mobiliser autant que s'il savait que l'avenir de la relation est en train de se jouer ! En d'autres termes, le positionnement des deux partenaires est d'emblée déséquilibré. L'un surdétermine le résultat de ces tentatives de sauvetage (« Si ça marche, je reste ; si ça échoue, je pars »), alors que l'autre n'est pas conscient de ce qui passe. Sa réponse aux efforts de changement risque d'être très décevante et cela peut nourrir, chez le premier, la conviction que son conjoint ne changera jamais et que, *vraiment*, cette personne n'est pas faite pour lui (elle) ! Incidemment, certains ont déjà tellement renoncé à la relation qu'ils espèrent être déçus : cela ne pourra que les conforter dans l'idée qu'il est inutile d'attendre quoi que ce soit de ce compagnon (cette compagne) et que, donc, il est légitime de le (la) quitter !

C'est alors le début d'un scénario catastrophe. Le partenaire le plus mal à l'aise dans la relation commence à dresser un bilan négatif de la situation en noircissant le tableau : le couple n'est perçu que comme pourvoyeur de désagréments, avec son insupportable cortège de contraintes.

De la rupture à la reconstruction de soi

Il est important de comprendre que le processus de deuil de la relation commence par une phase souterraine de désinvestissement émotionnel de la relation. Une distance de plus en plus importante s'installe entre les deux partenaires et la solitude-isolement connaît ses plus beaux jours.

Après un certain temps (qui se compte en mois ou même en années !), c'est l'annonce « officielle » du désir de rupture. Là, s'il n'a rien vu venir (ou s'il n'a rien voulu voir venir), le conjoint commence à paniquer : à son tour, il (elle) se décide à mettre tout en œuvre pour sauver la relation. Tout y passe : propositions de séparation temporaire, autorisations d'« aller voir ailleurs », promesses de changements radicaux, chantages, impliquant les enfants la plupart du temps, chantage au suicide, etc. Tout cela peut éventuellement réussir et, par un gros effort commun, la relation peut être restaurée. Néanmoins, on oublie un paramètre majeur : le conjoint qui souhaite partir est engagé depuis déjà longtemps dans le processus de deuil de la relation. En d'autres termes, il a déjà brûlé de nombreux ponts derrière lui ; il a déjà coupé de nombreux liens. Il est peut-être déjà parvenu à un degré de désinvestissement tel que tous les efforts de l'autre partenaire pour ranimer la flamme s'avèrent, de toute façon, vains. Intérieurement, le conjoint a atteint un point de non-retour : il est, pour ainsi dire, déjà passé à autre chose. Incidemment, cela explique que, après une séparation, ce dernier soit rapidement disponible pour une nouvelle relation (à la grande consternation du conjoint délaissé qui est époustouflé par la rapidité avec laquelle il (elle) est remplacé). En effet, il (elle) a déjà parcouru les étapes du deuil de la relation, alors que la personne quittée n'en est qu'aux phases initiales ! Ainsi, du point de vue de la dynamique de deuil, ils sont fondamentalement en décalage.

Il s'ensuit alors un pénible torrent de reproches, d'accusations, d'attaques, d'esquives, de fuite, pendant des mois et des mois, jusqu'à ce que la situation commence à s'apaiser. Ce temps de rupture est douloureux à plusieurs égards car on doit, en fait, faire un double deuil : celui lié à la perte du partenaire, en tant que tel (qu'on l'ait quitté ou que l'on soit quitté) *et* celui lié à la perte du sentiment d'appartenance au couple dont nous avons déjà parlé. On remarque que, très souvent, ce deuxième aspect du deuil est une source majeure de souffrance. Il entraîne un sentiment de désappartenance qui induit, à son tour, une crise identitaire, le vécu d'appartenance au couple étant porteur d'identité.

Enfin, une fois passé le plus gros de la tempête, c'est un temps d'ajustement à une autre réalité qui se déploie. Pour l'un et l'autre, c'est un temps de convalescence et d'un nécessaire retour sur soi. Certains y consentent, d'autres pas, en s'investissant aussitôt dans une nouvelle relation. Quoi qu'il en soit, un an et demi à deux ans après la rupture effective, la personne qui a été quittée s'achemine doucement vers la fin du processus de deuil de la relation : tout redevient dès lors possible, y compris l'accueil d'une nouvelle relation d'amour.

7

Quand, finalement, mon conjoint n'est pas une erreur de casting

Furieuse, au bord des larmes, vous vous enfermez dans votre chambre. « Ce n'est plus possible. On ne peut pas continuer comme ça. » Lui est resté dans le salon, en face de la télé. Il zappe comme un fou pour s'étourdir d'images.
C'est la fin d'après-midi de ce dimanche pourri. Vous vous êtes assoupie et, alors que vous ouvrez les yeux, il est là, allongé en silence à côté de vous. Il vous regardait dormir. Vous restez ainsi, sans rien dire, un long, très long moment. Vos cœurs font mal. Vous êtes tous les deux un peu paumés. Alors, il vous prend dans ses bras et vous vous laissez faire. Parce que ça fait du bien. Sans désir, vous sentez son corps contre le vôtre. Sans désir, il vous enlace. Si près l'un de l'autre et pourtant si loin.
Il s'endort à son tour, épuisé. Vous restez dans ses bras et, alors que son souffle devient plus lent et régulier, au plus profond de vous, vous savez. Oui, vous savez que vous aimez cet homme, en dépit de tout. Et vous savez qu'il vous aime, en dépit de tout. Mais vous vous sentez si seuls. Comment se retrouver ?

Les chapitres précédents ont été violents, n'est-ce pas ? Ils ont peut-être été, pour certains, la douloureuse mise en mots de tout ce qui induit la solitude-isolement dans votre couple et c'est toujours pénible de lire, noir sur blanc, des bribes de sa propre histoire.

Partant de là, que signifie alors le titre de ce nouveau chapitre : « Quand, finalement, mon conjoint n'est pas une erreur de casting » ? Après les difficiles constats des chapitres précédents, il faut ranimer la flamme de l'espoir. Car il est bien réel ; en fait, il ne s'agit pas d'un simple espoir (car dans l'espoir, il y a toujours le doute), j'ose ici vous parler d'une promesse, dans la mesure où de sincères efforts sont mis en œuvre pour renouer le lien.

Dans ce chapitre, nous allons, en effet, explorer ce qui fonde le lien d'amour et comment celui-ci s'entretient au fil du temps ; et vous allez voir qu'il existe des ingrédients essentiels sans lesquels rien n'est possible. Plus que des recettes comportementales à appliquer à la lettre, je vous invite à développer un état d'esprit d'ouverture fondé sur votre désir de promouvoir le lien d'amour. Un tel état d'esprit a le pouvoir de restaurer ce qui est abîmé et il a fait la preuve de son efficacité pour tenir à distance la solitude-isolement. Plus encore, il peut faire s'épanouir encore davantage ce qui est déjà florissant dans votre relation. Certes, cela ne se construit pas du jour au lendemain, nous allons le voir, cela s'élabore, se mûrit, mais, indiscutablement, un tel investissement en vaut la peine.

La résistance au changement

Je viens de le souligner : cette démarche est « fondée sur votre désir de promouvoir le lien d'amour ». Le point de départ est donc votre désir. Jusqu'ici, nous sommes d'accord. Et pourtant. Aussi fort que puisse être notre désir de changer et de tendre vers le mieux, nous nous rendons compte que, parfois, nous nous heurtons à des obstacles intérieurs qui nous signifient que notre désir de changement n'est pas aussi clair que ça.

« Est-ce que j'ai envie de changer ma situation ? » La question est provocante car la réponse semble évidente : « Bien sûr que oui ! » C'est ce que répondent les couples qui se désolent de leur mal-être au quotidien. Et pourtant, alors que la souffrance est manifeste entre eux et que l'ennui ou le conflit suinte de chaque pore de leur relation, il est étonnant de constater combien peu de choses sont concrètement mises en place pour y remédier véritablement. Le constat est pourtant là ; des plaintes très spécifiques sont formulées mais au-delà du désir « que les choses bougent », on se rend compte que ce souhait est rarement suivi de décisions porteuses d'un véritable changement. En fait, il arrive que l'un et l'autre regardent, assez passivement, s'effriter l'édifice de leur amour. Rien n'est mis en œuvre par le couple pour qu'il fonctionne mieux. Cette terrible inertie est ce qu'on appelle la résistance au changement.

Cela paraît absurde ou paradoxal : pourquoi donc faire ainsi obstacle à son propre bonheur ? La première réponse qui vient immédiatement à l'esprit serait que, au fond de soi, on ne le souhaite pas vraiment. Mais pourquoi donc ? C'est là où il faut très sérieusement s'interroger sur ses propres motivations à ne pas générer du changement. Elles sont, certes, très largement inconscientes mais elles restent accessibles à un minimum d'introspection. Il s'agit, la plupart du temps, de ce qu'on appelle des bénéfices secondaires : on perçoit intuitivement qu'il y a parfois plus de bénéfices à ne pas changer qu'à véritablement le faire. Par exemple, on peut inconsciemment faire obstacle au changement car on ne souhaite pas se départir du pouvoir qui découle du statut de persécuteur – ou de victime. Le pouvoir est le bénéficie secondaire qu'on ne veut pas lâcher. Cela conduit à maintenir le statu quo, même si le prix à payer en est particulièrement lourd. On suspecte la présence de bénéfices secondaires quand les efforts soutenus visant à changer la dynamique de la relation s'avèrent tous vains ou inefficaces.

La résistance au changement est évidemment en lien avec la peur du changement et il est important de comprendre que, derrière toute peur, il y a une croyance, c'est-à-dire une vision ou une représentation hautement subjective – et souvent totalement fausse – de la réalité. C'est l'adhésion à cette croyance (le fait de croire qu'elle correspond à la réalité) qui fait faire marche arrière dans la démarche de changement. Il existe de multiples croyances mais une très fréquente est : « si je change, s'il (elle) change, cela va modifier l'équilibre de notre couple et il (elle) risque de me quitter. Je préfère rester dans le connu et ne pas prendre le risque du changement ». Tant que ces obstacles au changement – ces peurs, ces croyances et ces bénéfices secondaires – ne sont pas identifiés et confrontés directement, toute démarche visant à modifier la situation actuelle est irrévocablement vouée à l'échec. Elle risque même d'être contre-productive et d'aggraver la situation, car l'un des membres du couple s'épuisera, à vide, à trouver des solutions à une situation que lui-même – ou l'autre partenaire – ne souhaite pas fondamentalement changer.

Enfin, un autre paramètre – complètement aberrant – peut entrer en ligne de compte dans le non-changement. Il s'agit de la paresse ! Oui : la paresse, le « pas envie » qui se justifie lui-même, uniquement parce qu'il faut faire un effort et se bouger un tant soit peu ! Aussi fou que cela paraisse, certains ont la paresse de leur propre bonheur. Il n'y a rien de plus tragique, à mon sens, car quelque chose de la force de vie fait là cruellement défaut.

Faire le choix du changement

> « Si j'essaie et que j'échoue, je n'aurai pas de regret : au moins j'aurai essayé – mais je pourrais regretter toute ma vie de ne pas avoir essayé car il n'y a pas pire échec [1]. »

Vous vous demandez peut-être quel est le sens de ce questionnement sur la réalité du désir de changement. Ce que je veux dire ici est que le désir de changement a besoin d'être pleinement assumé et investi, sans qu'aucun bémol ne vienne le parasiter inutilement. « Assumer » signifie « prendre la responsabilité de » : de porter ce désir de changement. Cela implique de faire des choix et d'en prendre, dans son cœur, la décision, au-delà des « oui, mais… » qui émergent immanquablement en soi. Oui, je veux bien changer, mais à la condition que mon partenaire fasse de même. Il faut qu'il me fasse la preuve qu'il peut changer d'abord et après je ferai un effort. Oui, mais… Non, arrêtez : il faut être deux pour changer.

Personne ne peut le faire à votre place : il n'y aura pas de changement sans un désir réel qu'il en soit ainsi : sans cela, tout restera vain. Le contraire d'être responsable, c'est être victime ou se laisser victimiser. Ne pas assumer la décision du changement, c'est accepter d'être victime de la situation de solitude-isolement dans laquelle vous vous trouvez. Or vous lisez ce livre, j'en conclus donc que vous ne l'acceptez pas ! C'est un excellent point de départ.

Le bonheur relève d'un choix, même si cette notion vous choque. Bien sûr, de très nombreux paramètres entrent en jeu et certains nous échappent totalement. Néanmoins, ce que je viens de vous dire reste vrai : le

1. Sharma R., *The Greatness Guide*, Harper & Collins, 2006.

bonheur, le bien-être intérieur et le confort relationnel sont le fruit de choix qu'il nous est demandé d'assumer en conscience. Il n'est que de regarder et que de prendre le temps de discuter avec les gens heureux : d'une façon ou d'une autre, vous vous rendrez compte qu'ils ont fait, à un moment de leur vie, le choix du bonheur. Ce que ces choix recouvrent varie considérablement d'une personne à une autre, mais le dénominateur commun reste cette décision de fond. Alors ? Que décidez-vous pour vous-même ?

Une définition de l'amour

« Amour, Amour, je t'aime tant, je t'aime tant ! » chante Catherine Deneuve dans *Peau d'Âne* et, évidemment, son prince charmant surgit, débordant de passion et prêt à tout pour l'amour de sa belle ! Qui peut ne pas rêver de cela ? C'est plus ou moins nourri de telles images que nous abordons la relation d'amour. Après quelques expériences malheureuses, la déconvenue est cuisante. De toute évidence, il y a quelque chose qui ne fonctionne que dans les contes de fées et nous, Terriens, avons besoin d'autres repères quant à la nature véritable de l'amour ! Nous avons besoin, avant toute chose, de nous donner une définition de ce qu'est l'amour pour éviter toute confusion. C'est à elle que nous pourrons nous référer par la suite.

Mes recherches, en préparant cet ouvrage, m'ont conduit à découvrir différentes définitions de l'amour. La plus pertinente m'a semblé être celle de Scott Peck[1]. Selon lui, l'amour, c'est « la volonté de se dépasser dans le but de nourrir sa propre évolution et celle de quelqu'un d'autre » – Peck ajoute une dimension spirituelle à sa définition de l'amour : il parle de « nourrir sa propre évolution spirituelle », mais, pour le moment, je vais

1. Peck S., *op. cit.*

mettre cette dimension en *stand-by*. Prenons quelques instants pour bien saisir ce que signifie cette définition de l'amour et ce qu'elle implique.

La volonté	L'amour relève donc d'une décision. Ce qui le distingue d'emblée du fait de tomber amoureux qui ne demande aucun effort particulier de notre part. La volonté implique un choix de notre part.
de se dépasser	Se dépasser signifie aller au-delà de ses limites actuelles. C'est un processus de transformation intérieure qui ne nous laisse pas indemne car il nous conduit à une expansion de nous-même. L'idée de se dépasser sous-entend qu'un certain effort est nécessaire pour parvenir à cette expansion de notre être.
dans le but	L'amour n'est pas un état fixe et immuable ; c'est un mouvement qui tend vers quelque chose. Il a un objectif.
de nourrir sa propre évolution	L'amour de l'autre implique l'amour de soi. Selon cette définition, c'est parce qu'on prend soin de soi qu'on est en mesure de prendre soin de l'autre. L'amour est donc aussi un processus d'évolution et de développement personnel.
et celle de quelqu'un d'autre	L'amour ne se résume pas au fait d'avoir des sentiments affectueux et du désir pour quelqu'un. Il a à voir avec le réel souci du développement intérieur et de l'expansion de la personne aimée. Il y a donc une intention pour elle, un vrai projet qui conduit l'être aimé(e) et celui (celle) qui aime au-delà de ce qu'ils sont.

Ambitieuse définition, n'est-ce pas ? La question qui se pose immédiatement est de savoir si cette définition de l'amour est valide pour votre relation. Est-ce que la relation d'amour avec mon (ma) partenaire répond vraiment à ces critères ? Avons-nous, l'un envers l'autre, une attitude aussi aimante ? Rassurez-vous. Peu de gens répondent, point par point, à cette exigeante définition. Je dirais qu'elle pointe plutôt une direction à suivre qu'elle ne constitue un objectif qu'il faille atteindre, coûte que coûte, avant de pouvoir parler d'amour. La sagesse orientale nous dit que ce qui compte dans un voyage, ce n'est pas la destination, mais c'est ce qui se passe tout au long du trajet qui nous y mène. C'est là où on découvre et c'est là où on apprend. Néanmoins, aussi radicale qu'elle puisse vous paraître, je vous propose de conserver cette définition et d'en faire notre fil rouge tout au long de notre chemin.

Relisez avec soin cette définition : « La volonté de se dépasser dans le but de nourrir sa propre évolution et celle de quelqu'un d'autre. » Qui n'aurait pas envie d'être aimé de cette façon ? Nous avons tous besoin d'être aimé de quelqu'un qui est résolu à tout mettre en œuvre, dans les limites de ses moyens, pour accomplir notre bonheur, générant en nous le profond désir d'agir de même pour cette personne. Ceci n'est pas la passion amoureuse car, contrairement à cette dernière, un tel mouvement d'amour, s'il est soigneusement entretenu, n'est pas éphémère. Il exige un engagement mutuel et reconnaît l'indispensable nécessité du progrès et de l'harmonie personnelle.

Le « travail d'amour »

Certes, mais vu l'état actuel de votre lien d'amour, vous pouvez réellement prendre peur et vous décourager ! Cette définition assez radicale de l'amour soulève bien des interrogations, mais on ne peut pas nier une évidence que tout un chacun reconnaît s'il a un jour aimé : l'amour a besoin d'être nourri sous peine de se flétrir et de mourir. Cela implique donc une grande vigilance de notre part, n'est-ce pas ? La pertinence de cette définition vient du fait qu'elle ne considère jamais l'amour comme acquis une bonne fois pour toutes. On doit comprendre qu'il a besoin d'être sans cesse entretenu car il est fragile, et cette fragilité le rend infiniment précieux. Préserver le lien d'amour suppose donc une volonté, un travail de notre part : c'est ce que j'appelle le « travail d'amour ». « Travail » ? L'amour n'est-il pas censé être facile, léger, couler tout seul ? Oui, il est léger, facile et coule tout seul quand il est sous-tendu par un authentique travail.

Un de mes amis est danseur étoile à l'Opéra de Paris. Quand il est sur scène, il n'est que légèreté, grâce et aisance. Chaque mouvement, aussi complexe soit-il, est effectué sans effort apparent. On pourrait en conclure (comme pour l'amour) que la danse est chose légère, facile et aisée ! C'est tout le contraire : en coulisses, vous vous retrouvez face à un sportif de haut niveau qui passe jusqu'à huit heures d'entraînement intensif par jour pour arriver au geste le plus juste. Il ne le vit pas néanmoins comme une torture ou un calvaire. C'est difficile, certes, et certains jours il traîne des pieds pour se rendre au studio de répétition, mais finalement il est profondément heureux du résultat. Il est conscient que la danse et le bonheur immense qu'il en tire – et qu'il partage avec son public – sont les fruits d'une décision, chaque jour renouvelée, de donner le meilleur de lui-même. Ainsi, bonheur et effort/travail ne sont pas incompatibles ni antinomiques. Il en va de même pour le chef d'orchestre qui livre un moment de pur bonheur à son auditoire, en sachant pertinemment que cette performance est le résultat d'années de travail.

Votre relation d'amour est certainement une des plus belles choses de votre vie : c'est votre plus beau ballet, votre plus beau concert. Est-il imaginable de ne pas lui donner ce qu'il y a de mieux en vous ? Pourquoi ne pas en attendre le meilleur et tout faire pour qu'il en soit ainsi ? Derrière tout ce qui a de la valeur, comme le bonheur d'aimer et d'être aimé, il y a un authentique effort, un authentique travail. Mais entendez bien ce que je vous dis là : au regard de ce que cet effort rend possible, ce dernier paraît tellement dérisoire. Il perd même sa dimension d'effort car on arrive à la compréhension que, dans la relation d'amour, l'effort d'amour est l'amour, c'est l'expression même de l'amour. En d'autres termes, effort d'amour et amour sont indifférenciés !

Un tel effort peut paraître démesuré et pourtant, quand on écoute attentivement les couples qui fonctionnent bien depuis plusieurs années, on retrouve quasi systématiquement cette tonalité de travail d'amour, sans même que l'un ou l'autre ait réellement conscience d'accomplir un quelconque travail. D'une façon qui leur semble naturelle, ils se disent, jour après jour, leur désir que leur relation fonctionne. Et ce désir se décline en actes concrets, tangibles : « Il n'y a pas d'amour, il n'y a que des preuves d'amour », disait Cocteau. De fait, il faut en vouloir et faire preuve d'une réelle ténacité quand les assauts de la vie ébranlent les bases du couple. Il faut aussi du courage pour continuer à avancer, alors qu'on est en proie au doute et à l'incertitude. Pourquoi fournir tant d'efforts ? Peut-être parce que la présence de cette personne à nos côtés est l'une des plus belles choses qui nous soient données de vivre si nous consentons à la percevoir comme telle. Sa présence, si elle n'est pas galvaudée ou banalisée, est un véritable challenge car elle nous pousse dans nos limites et dans nos retranchements. Peut-être aussi parce que nous aspirons tous à grandir et que c'est un des propos de l'amour : il nous demande de donner le meilleur de nous-même ;

il nous demande d'être ambitieux pour nous-même, en son nom. En retour, il nous aide à donner du sens à notre existence. Cela justifie tous les efforts, ne croyez-vous pas ? On comprend alors que la perte du lien d'amour, source de solitude-isolement, survient quand il y a oubli ou renoncement à cet effort. Dans ce cas, on se replie sur son strict confort personnel et on redevient le centre de son monde en excluant l'autre. On cherche à étendre ses limites, mais sans que ce mouvement d'expansion n'inclue ou ne bénéficie à l'autre. On fait cavalier seul et le (la) partenaire se sent exclu(e) et émotionnellement abandonné(e).

Et le travail d'amour s'apprend. C'est une notion qu'on oublie trop souvent. Bien sûr, on ne l'apprend pas de façon formelle comme on apprendrait une langue étrangère. Cet apprentissage (en partie inconscient, mais en partie seulement) se fait principalement au contact de ceux qui nous entourent. C'est d'ailleurs en cela que nos modèles parentaux sont si fondamentaux dans notre façon d'aimer. Nous passons progressivement de l'état d'enfant (qui consiste, de manière normale, à recevoir plus qu'à ne véritablement donner) à l'état d'adulte (où la conscience des autres nous invite à nous décentrer de nous-même et nous apprend à répondre à des besoins autres que les nôtres). Au fil du temps et de nos expériences heureuses et malheureuses, nous construisons en nous une représentation de ce qu'est l'amour. Nous élaborons également les comportements qui l'accompagnent.

La perte du lien d'amour, à l'origine de la solitude-isolement, est un signe que notre approche de l'amour est un peu défaillante. Il est donc nécessaire d'identifier nos carences ou nos manquements, afin d'y remédier. Cela a été l'objectif de la première partie de ce livre. À un degré moindre, si la relation est abîmée mais que le lien est toujours présent, cela indique qu'une attention particulière est nécessaire pour le restaurer pleinement. Cette attitude est ce que j'appelle « nourrir le lien » et c'est un aspect de ce travail d'amour sur lequel nous allons longuement nous attarder.

Il est vrai que nourrir le lien est d'autant plus facile que la relation n'est pas en trop piteux état. En fait, c'est comme apprendre à nager dans une piscine, bien au calme. ou en pleine mer, au milieu d'une tempête. Apprendre à nager en pleine tempête, c'est essayer de changer et de trouver les solutions aux problèmes du couple, alors même qu'on se trouve en pleine crise conjugale. Ce n'est pas impossible, mais c'est certainement beaucoup plus difficile car chacun est sur la défensive et peu enclin à l'écoute et à la conciliation. Il est évidemment plus facile d'apprendre à nager en piscine, dans un mètre d'eau, quand la relation fonctionne raisonnablement bien et qu'on dispose d'un certain espace psychique pour tester de nouvelles compétences relationnelles. Néanmoins, quelle que soit la situation, il ne faut pas baisser les bras : on peut apprendre à nager en pleine tourmente, même si cela demande des efforts considérables. Rappelez-vous : c'est un choix et il vous appartient.

Créditer les banques émotionnelles respectives

En quoi le travail d'amour va-t-il aider à restaurer le lien d'amour ? En renflouant votre compte en banque émotionnel. Ce sont des comptes débiteurs sur les comptes en banque émotionnels qui fondent la solitude-isolement.

De quoi s'agit-il ? Dans nos relations amoureuses, tout se passe comme si nous avions, en chacun de nous, une sorte de compte bancaire émotionnel au nom de la personne que nous aimons. À l'image d'un compte réel, notre solde, chez cette personne, peut être créditeur ou débiteur. Il est crédité par nos dépôts d'amour : nos gestes d'affection, les moments où nous avons offert notre écoute ou nos encouragements pour tel ou tel projet qui lui tenait à cœur, notre soutien indéfectible quand elle a perdu un de ses parents, les petits Post-it amoureux qu'on a pris l'habitude de lui déposer sur la table du petit déjeuner, etc. Ce sont tous ces actes qui disent et qui montrent notre amour à cette personne. Ce compte est débité par nos manquements et négligences, par notre non-prise en compte de l'autre dans les décisions importantes, par les critiques ou les mots violents que nous lui adressons au cours de nos disputes, par nos attitudes de fermeture quand on se refuse au dialogue, etc. Certains événements spécifiques entraînent des retraits massifs comme, par exemple, la découverte d'une relation extraconjugale ou une trahison de l'intime.

Plus le compte émotionnel de chaque partenaire, respectivement en l'un et en l'autre, est créditeur, plus la relation est stable et capable d'amortir les coups durs – car, même dans les couples les plus harmonieux, il y en a ! Plus les comptes sont « limites », ou franchement débiteurs, plus la relation est en danger car le moindre retrait supplémentaire, aussi minime soit-il, fait tomber encore plus profondément dans le rouge. Ainsi, si un retrait important (par exemple, un manquement de parole ou une critique en public qui a été très mal prise) survient sur un compte émotionnel largement créditeur (révélateur donc d'une relation où prédominent les marques d'amour), l'impact sera important, mais pas au point de rendre le compte débiteur : il y a suffisamment d'affection mutuelle pour éponger le grief et rendre la discussion à son sujet – voire le pardon – possible et aisée. Si un même événement survient sur un compte déjà précaire (miné, par exemple, par une trop grande solitude-isolement ou un climat de méfiance, d'ennui ou d'hostilité rampante), le compte passe immédiatement au rouge car il n'y a plus de réserve pour l'amortir sereinement : un conflit éclate car il n'y a plus assez d'estime réciproque (plus assez de crédit, plus assez de confiance) pour l'amortir. Ce conflit représente d'ailleurs lui-même un nouveau retrait ! Incidemment, il est important de souligner qu'un compte émotionnel peut être très créditeur chez l'un des partenaires et très débiteur chez l'autre, sans que le premier en ait réellement conscience. C'est le cas, par exemple, quand une épouse ressent, en son for intérieur, un douloureux sentiment de solitude-isolement qu'elle tait depuis des années, alors que son compagnon perçoit leur relation comme heureuse et sereine. Il risque de tomber de haut quand elle lui annonce son désir de divorcer.

Ainsi, plus vous vous attelez à ce travail d'amour, plus vous créditez votre compte dans le cœur de la personne que vous aimez. Le propos n'est pas, bien évidemment, de tenir une absurde comptabilité de ce que vous donnez ou recevez, avec l'angoisse de ne pas donner, ou de ne pas recevoir assez, mais bien au contraire d'être pragmatique et de percevoir l'intelligence de ce concept : vous prenez conscience que vous avez tout à gagner à ce que vos comptes émotionnels mutuels soient largement pourvus.

Les deux exemples qui vont suivre vont vous éclairer sur ce que signifie « créditer votre compte émotionnel » : « accorder sa confiance » et « choisir la relation ».

Exemple 1 : accorder sa confiance

Aimer est affaire de confiance mutuelle. Sans un minimum de confiance, il est presque impossible de parler de lien d'amour. Or, dans la solitude-isolement, il n'est pas rare que la confiance batte souvent de l'aile. C'est donc un territoire qu'il est nécessaire de reconquérir, mais rien n'est plus difficile à faire car la confiance n'est pas chose qui se décide ; on se sent – ou pas – en confiance. Point. C'est ce qu'exprime cette jeune femme :

> Être en confiance avec l'autre, c'est avoir la certitude de ce qui nous unit, comme une vibration de vérité, d'honnêteté, sans aucun doute sur ce que mon compagnon ressent et sur ce que je ressens. Il y a quelque chose d'instinctif, de non-mental dans le fait d'être en confiance avec l'autre. Je ne peux pas décider d'être en confiance ; c'est là ou pas.
> Donner ma confiance, c'est autre chose. C'est comme un postulat de départ, un crédit que j'accorde a priori. C'est poser les principes de la relation, avec des règles et une sorte de contrat de non-agression. C'est une démarche volontaire qui fait appel à l'intellect ; là donc, c'est mental.

Si on ne peut pas décider d'être en confiance avec quelqu'un, il est possible de décider de donner – ou de redonner – notre confiance à notre partenaire, de même qu'on peut décider de faire confiance à notre ado de dix-huit ans quand il nous demande d'emprunter la voiture pour la soirée, alors qu'intérieurement on n'est pas très en confiance. C'est la même démarche lorsqu'on souhaite restaurer le lien d'amour. Cette décision se fonde sur votre volonté de donner sa chance à votre partenaire en lui offrant suffisamment d'espace pour qu'il (elle) puisse vous convaincre, en retour, que votre décision a été juste.

C'est donc comme si vous accordiez un prêt émotionnel à votre partenaire. Il est évident que le capital confiance que vous accordez à votre conjoint est proportionnel à l'état de vos comptes émotionnels respectifs : vous serez d'autant plus enclin à vous faire mutuellement confiance que vos comptes sont largement créditeurs. Or, comme la solitude-isolement a déjà fait son œuvre, il y a des chances que vos comptes soient au rouge et que vous n'ayez pas très envie de faire confiance à votre partenaire. Le travail d'amour – l'effort d'amour – à fournir ici est de choisir de redonner votre confiance, même si vous n'êtes pas en confiance à 100 %.

Implicitement, quand vous accordez votre prêt/ confiance, vous prenez le risque de ne pas être remboursé ! Le risque est effectivement que votre confiance soit bafouée. Il faut souligner que cette peur de la trahison est parfois tellement forte que certains ne parviennent pas à complètement accorder leur confiance, tant résonnent en eux des trahisons d'autrefois (qu'il s'agisse de trahisons survenues dans l'enfance ou lors de relations affectives antérieures où ils s'étaient donnés entièrement). On retrouve à nouveau la trace de vieilles douleurs du passé qui se réactivent dans le présent. Ne pas pouvoir accorder sa confiance est, là encore, en lien avec la peur : la peur de souffrir, peur d'être manipulé ou instrumentalisé, peur d'être abandonné. Si la peur est un obstacle au fait d'accorder votre confiance, elle doit, comme toute peur, être affrontée dans l'espoir de la dépasser.

Néanmoins, que se passe-t-il si notre partenaire nous déçoit en trahissant à nouveau la confiance que nous aurons pris le risque de lui accorder ? Doit-on jeter l'éponge ou redonner une ultime chance ? Même si j'ai tendance à vouloir toujours accorder une seconde chance, je dois reconnaître qu'il n'y a pas de réponse claire à cette question : tout dépend de l'état du compte émotionnel, de la nature de la « trahison » et de votre désir de réitérer votre confiance. Tout dépend aussi de l'attitude de votre conjoint : est-il (elle) sincère dans son effort de regagner votre confiance ou utilise-t-il (elle) ces déceptions volontaires et itératives comme un subtil moyen de vous amener à la rupture ? Met-il (elle) en œuvre de réels efforts pour restaurer la confiance perdue ou vous prend-il (elle) pour un(e) imbécile prêt(e) à avaler toutes les couleuvres, puisque, de toute façon, il (elle) est persuadé(e) que vous serez incapable de le (la) quitter ? En accordant votre confiance, vous vous exposez. Vous acceptez de baisser la garde. Vous vous rendez vulnérable sciemment. Votre partenaire doit être conscient(e) de cela et, si vous avez le moindre doute à ce sujet, n'hésitez pas à lui nommer explicitement votre démarche. Il (elle) a besoin de savoir qu'il y a là un enjeu majeur pour l'avenir de votre relation. Vous ne pouvez faire qu'une partie du chemin ; à lui (elle) maintenant de vous démontrer que votre lien d'amour est suffisamment important à ses yeux pour avoir à cœur de parcourir l'autre moitié. S'il (elle) s'y refuse, laissez tomber : il n'y a que de la souffrance en stock pour vous dans cette relation. S'il y consent, en revanche, tout devient possible ! Sachez que le fait même de faire confiance à votre conjoint – et de le lui signifier clairement – est, en soi, un dépôt émotionnel important : il n'y a pas un être humain qui ne réagisse favorablement au fait de se voir accorder de la confiance. Il en résulte, très souvent, un sentiment de gratitude envers la personne qui accorde cette confiance. Au mieux, cela s'accompagne non seulement du désir sincère d'être à la hauteur de la confiance donnée, mais aussi d'une plus grande propension à accorder sa confiance à l'autre, en retour. Cela peut être le début d'un cercle vertueux.

Exemple 2 : choisir la relation

Vous créditez votre compte en banque émotionnel – et inspirez la confiance chez votre partenaire – quand vous choisissez la relation. Que signifie « choisir la relation » ? Dans *Les Sept Habitudes de ceux qui réalisent tout ce qu'ils entreprennent*, Stephen Covey affirme que nous réussissons ce que nous entreprenons quand nous disposons d'une boussole intérieure. La fonction d'une boussole est d'indiquer le nord, ce nord constituant, pour nous, un point de repère, un point de référence qui permet de garder le cap. Le cap, notre nord, ici, est la préservation – ou la restauration – du lien d'amour. En fonction de cela, nous savons si telle ou telle action nous écarte ou non de notre objectif. Nous savons si nous continuons à donner la priorité à notre relation, ou si nous sommes en train de dériver dangereusement.

Un exemple : Franck décide qu'il est bénéfique pour lui d'aller trois fois par semaine à la piscine avec son meilleur copain. Jusque-là, rien à dire : il a conscience de ses besoins et se donne les moyens de les satisfaire. Le problème est qu'il n'inclut pas, dans son désir, les besoins de Nathalie, son épouse, ni ceux de son couple en tant qu'entité. Il revendique le fait d'avoir ses propres activités en dehors de sa relation, sans sa compagne. Ce faisant, il oublie de vérifier le nord de sa boussole : il omet de donner la priorité à sa relation, alors que celle-ci donne de sérieux signes d'essoufflement. Est-il étonnant alors que son épouse et lui-même souffrent après quelque temps de solitude-isolement ? Pas vraiment. Le nord auquel il se réfère est son plaisir personnel, pas celui de son couple, alors qu'il lui serait tout à fait possible de répondre à ses besoins en gardant le cap de sa relation. Il ne choisit pas sa relation : elle ne constitue pas le nord de sa boussole intérieure. L'enseignement à tirer de cet exemple parle encore de confiance. Franck ne crée pas les conditions qui permettent à Nathalie de lui faire confiance. Et, en même temps, il ne se fait pas confiance dans sa capacité à maintenir le cap d'une relation à laquelle il tient pourtant beaucoup. Tout cela est juste une question de priorité et du choix délibéré d'investir la relation, sans se négliger soi-même.

Cet exemple fait référence à une notion bouddhiste qu'on appelle le « double bienfait ». Le double bienfait, c'est chercher à accomplir le bienfait d'autrui (de quelque manière que ce soit), tout en cherchant à accomplir son propre bienfait, et ce de façon concomitante. Chercher à accomplir uniquement son bienfait propre, sans se soucier d'autrui, conduit à la négligence des désirs et besoins de l'autre et renvoie à un égocentrisme forcené. À l'inverse, chercher à n'accomplir que le bienfait d'autrui, en négligeant totalement ses propres besoins relève du sacrifice, ce qui est très loin d'être une démarche épanouissante car cela revient à se nier soi-même. L'attitude la plus juste (et la plus sensée) est donc de trouver un juste équilibre entre la satisfaction de ses besoins propres et de ceux de l'autre.

8

Le travail d'amour en action

Ainsi, le travail d'amour nourrit le lien et il est, par là même, l'antidote à la solitude-isolement. Mais par où commencer ?

Tout débute dans l'esprit : le travail d'amour s'initie sous l'impulsion de votre désir de le voir en œuvre dans votre existence, parce que vous en mesurez tous les bénéfices. C'est donc avant tout un état d'esprit. Puis il se meut en une intention, en une volonté de le mettre en œuvre dans votre vie. Enfin, il se traduit par une action où vous vous donnez concrètement les moyens de le décliner dans la relation.

Le postulat de départ est que vous faites, dans votre vie, le douloureux constat de la solitude-isolement. Cette situation vous révèle qu'il y a eu, à un moment ou à un autre, altération du lien d'amour. Il faut donc revenir aux « fondamentaux » du travail d'amour. Évidemment, les couples qui ne rencontrent pas actuellement de difficultés relationnelles risquent de voir, dans ce qui va suivre, une série d'évidences : ils ont la chance de décliner le travail d'amour spontanément et avec aisance dans leur relation et c'est tant mieux ! Mais s'il y a souffrance relationnelle, c'est le signe qu'il est nécessaire de réapprendre et de réactiver ce qui était très certainement présent au début de la relation. Tout comme un kinésithérapeute doit faire travailler des muscles qui se sont atrophiés par manque d'exercice, vous et votre partenaire devez retrouver les réflexes de l'amour en vous exerçant encore et encore.

Ce qu'aimer implique

« Vous et votre partenaire. » Est-ce que je suis en train de supposer que ce travail doit nécessairement inclure votre partenaire pour qu'il puisse donner des fruits ? Non, heureusement. Si c'était le cas, la situation risquerait d'être d'emblée vouée à l'échec car il est probable que vous ayez déjà essayé de faire bouger votre partenaire et que vos efforts ont été vains. Vous craignez, peut-être à juste titre, d'essuyer à nouveau un refus si vous lui demandez de faire un effort. Que faire alors ? Je vous propose de nous référer ici à ce qu'on appelle l'approche systémique (c'est une forme de psychothérapie qui est principalement mise en œuvre dans les thérapies familiales). La systémie affirme que tout groupe humain, quel qu'il soit : une famille, un couple, une entreprise, etc. s'organise le long de lignes de force relationnelles qui relient entre eux chaque membre du groupe. De là, le moindre changement qui survient chez l'un des membres de ce système affecte l'ensemble des personnes qui le constituent. On pourrait comparer cela à un mobile composé d'une dizaine d'éléments tous en équilibre les uns par rapport aux autres. Si vous collez un petit bout de chewing-gum sur un des éléments du mobile, l'ensemble va être déséquilibré par ce changement que constitue l'ajout d'un petit poids supplémentaire à un point spécifique du mobile. Celui-ci va osciller pendant un certain temps, jusqu'à ce qu'il trouve une nouvelle position d'équilibre ; celle-ci sera différente de l'état initial. Ainsi, tous les éléments du mobile vont se mettre en mouvement et vont changer de position dans l'espace, alors qu'un seul élément a été affecté (celui où l'on a collé le chewing-gum). Cela s'applique aussi aux individus : il est possible de faire bouger un groupe humain en ne modifiant qu'un seul élément de ce groupe. Appliqué à votre relation, il est possible d'induire du changement dans votre couple en ne modifiant qu'un seul élément du couple, vous, en l'occurrence ! Changez et vous induirez du changement, même chez un (une) partenaire qui ne participe pas activement au processus de changement. Qu'est-ce que cette démarche suppose ? Trois choses.

Assumer seul(e) le travail d'amour

Vous devez assumer vous-même ce travail d'amour. Il faut donc être clair sur tout ce que va suivre : je vais vous parler de ce que vous pouvez faire dans votre couple, et cela ne prend pas en compte ce que votre partenaire peut faire de son côté. Il y a d'un côté votre relation et de l'autre votre cercle d'influence au sein de votre relation. Votre cercle d'influence est ce qu'il est en votre pouvoir de changer ou de modifier dans votre couple, c'est ce sur quoi vous avez un impact et une emprise directe. Le reste vous échappe et concerne notamment le cercle d'influence de votre partenaire. L'objectif, pour vous, est d'élargir au maximum votre cercle d'influence. C'est votre responsabilité au sein de votre couple, en gardant à l'esprit que votre cercle d'influence a ses limites et que vous n'avez pas le contrôle sur tout ce qui se passe dans la relation.

Ainsi, au risque de me répéter, tout ce qui va suivre va donc parler d'un mouvement volontaire (le travail d'amour) de vous vers votre partenaire. Nous sommes là dans une vision unidirectionnelle : de vous vers lui (elle) ! Ce mouvement implique évidemment que vous croyiez encore suffisamment à la relation pour vous y investir de la sorte. Elle doit avoir encore suffisamment de valeur à vos yeux pour que cet effort puisse être porté sur la durée. Pardonnez-moi d'insister, mais il est impératif que vous ayez le désir de porter seul(e) le changement pendant un temps donné. Sans ce désir, rien ne sera possible.

Ne pas attendre de résultat immédiat

En effet, il est important que vous n'attendiez pas une réponse immédiate de la part de votre partenaire aux efforts que vous pourrez fournir. Rappelez-vous : après avoir modifié un des éléments du mobile, celui-ci va être en mouvement pendant un certain temps avant de trouver sa nouvelle position d'équilibre. Il va donc y avoir nécessairement un délai entre le moment où vous amorcez en vous des changements d'attitudes et de comportements et le moment où votre conjoint va y réagir favorablement. Une condition essentielle à ce travail d'amour est donc de l'aborder avec une réelle volonté d'ouverture, tant vis-à-vis de vous-même que de votre compagnon ou votre compagne, en lui donnant le temps de réagir ! Plus vous partez de loin (votre relation étant peut-être très dégradée), plus il y aura une latence certaine entre les efforts déployés de votre part et les réactions de votre partenaire. C'est comme si vous réappreniez à vous faire confiance mutuellement : vous décidez de lui faire confiance a priori et vous vous engagez dans une dynamique de changement. De son côté, il (elle) a besoin de s'assurer que ces changements ne sont pas que passagers ; quand il (elle) sera rassuré sur ce point, il (elle) pourra prendre le risque de s'engager lui (elle) aussi dans la même direction. Formulé autrement, c'est comme si vous deviez alimenter, suffisamment longtemps, votre compte émotionnel au rouge pour que ce dernier arrive à l'équilibre et qu'il redevienne enfin créditeur. Vous êtes en train de modifier un mode d'interaction qui s'est instauré depuis longtemps et votre changement d'attitude fait l'effet d'un diesel qui met du temps à se mettre en chauffe. Ce n'est peut-être qu'à ce moment-là que votre partenaire estimera que le changement est possible entre vous et qu'il (elle) acceptera d'y contribuer. Ce deuxième point est essentiel car, si vous estimez que ce n'est pas à vous de faire le premier pas, il y a problème parce que vous risquez d'entériner le blocage relationnel dans lequel vous vous trouvez tous les deux.

En dépit de tout, maintenez l'effort de votre travail d'amour, aussi longtemps que vous pouvez et faites preuve de détermination. Animé du désir que cela marche, regardez ce qui s'installe progressivement entre vous. Regardez l'impact de cette ouverture de cœur sur le bloc glacé de la solitude-isolement. Il serait étonnant que rien ne change.

Différer l'attente de réciprocité

La question de la réciprocité se pose inévitablement. C'est bien normal, mais, compte tenu de la situation de votre couple, c'est comme si vous étiez en train de créer une petite entreprise : pendant un certain temps, vous vous investissez à perte dans votre société, confiant dans la pertinence de votre projet. Vous ne vous versez pas de salaire pendant plusieurs mois car vous misez sur son succès à moyen terme, au moment où vous commencerez à avoir un retour sur investissement. C'est la même chose dans votre relation : votre travail d'amour risque de se faire « à perte » pendant un certain temps ; il est important que vous en soyez bien conscient.

Cela dit, vous ne devez pas non plus y laisser votre peau. Car le travail d'amour, tel que nous allons bientôt le définir, est véritablement exigeant. C'est un fait indiscutable. Vous pouvez décider de vous y investir car vous y « croyez » suffisamment, mais il y a des limites à tout. Ainsi, après un temps suffisamment long d'efforts personnels, il sera indispensable d'évaluer si votre partenaire souhaite vraiment cheminer avec vous dans la reconstruction du lien d'amour. Vous ne pouvez pas être le (la) seul(e) à désirer le changement et à porter indéfiniment ce désir pendant des années. Certes, vous devez assumer la responsabilité de l'initier et de poursuivre cet effort, même si rien ne change à court terme. Mais, après un certain temps (au moins six à neuf mois), si rien de significatif n'émerge en retour dans le comportement de votre conjoint, il faut commencer à vous poser des questions, voire à sérieusement réinterroger la pertinence de cette relation. Vous n'êtes pas candidat(e) à la sanctification et rien ne justifie que vous vous sacrifiiez pour quelqu'un qui n'en vaut pas la peine. Si votre partenaire est incapable de voir les trésors d'amour que vous déposez à ses pieds, c'est son problème, mais ce n'est plus le vôtre. Il est grand temps alors de reprendre vos billes et de poursuivre ailleurs votre route. À la lumière des efforts sincères que vous aurez déployés par votre travail d'amour et de la non-réponse de votre partenaire, vous disposez là d'éléments tangibles qui légitiment la fin de votre relation. Il faut être deux pour aimer.

Les clés du succès

Il y a quelques années, le célèbre Institut Gallup, aux États-Unis, a réalisé une vaste enquête (incluant plus de 5 000 participants) qui explorait les critères qui font que les gens réussissent ce qu'ils entreprennent, quel que soit leur domaine de réussite. À votre avis, quelle est la qualité qu'ont toutes en commun les personnes qui réussissent ? Est-ce la volonté ? Non. Est-ce la discipline ? Non. L'enthousiasme ? Non. L'esprit d'entreprise ? Non. Est-ce le fait de bénéficier d'un environnement privilégié ou d'avoir fait de brillantes études ? Non ! Au regard de cette enquête, la seule et unique condition qui suffit pour qu'une personne donnée réussisse, c'est qu'elle mise massivement sur ses points forts. Ses points forts, rien d'autre ! Le message est limpide et s'applique directement à vous : votre travail d'amour a toutes les chances d'être un succès si vous vous appuyez sur vos points forts – c'est-à-dire vos talents, vos qualités, vos caractéristiques propres, ce qui fait que vous êtes vous. La bonne nouvelle est qu'il ne vous est donc pas demandé de devenir quelqu'un d'autre, quelqu'un que vous ne seriez pas : vous devez être ce que vous êtes déjà dans votre versant le plus positif. C'est là que vous vous donnez tous les moyens d'atteindre votre but ! Incidemment, il est presque certain que votre partenaire vous a aimé(e) notamment sur la base de certains de ces points forts/ qualités. Il est possible que vous ayez oublié, depuis quelque temps, de les mettre en avant dans votre relation, l'appauvrissant de ce qui la nourrissait autrefois. Réactualiser ces points forts est donc cohérent avec votre dynamique de restauration de la relation.

Ce qui est valable pour vous l'est aussi pour votre relation. Votre travail d'amour doit également s'appuyer sur les points forts qui existent – ou existaient – dans votre relation. Il peut être utile, par exemple, de vous remémorer, avec votre partenaire, tous les moments forts de votre relation, là où elle vous a soutenus à un moment donné de votre vie ou en quoi elle vous a fait grandir en tant qu'êtres humains. Essayez de trouver les forces vives de votre relation, ce qu'elle est – ou ce qu'elle a été – capable d'induire de grand, de beau, de fort, de positif dans vos vies. Le simple fait de vous le rappeler peut contribuer à stimuler ces lignes de force positives ; il est nécessaire d'aller plus loin et de voir comment vous pouvez réactiver aujourd'hui ces potentiels. Par exemple, il y a peut-être des rituels de couple que vous avez progressivement abandonnés – pour mille raisons qui se perdent dans la nuit des temps – et qui étaient pourtant des moments moteurs de votre relation. Vous en souvenir et chercher à les ajuster à votre réalité du présent peut revitaliser votre couple et réinjecter le sens de la relation que vous avez perdu en cours de route.

Une seconde clé

Mais ce n'est pas tout ! Votre travail d'amour s'inscrit dans un axe de succès quand vous passez d'une approche « centrée sur les problèmes » à une approche « centrée sur les solutions » (ces deux approches correspondent en fait à des principes issus de la psychothérapie). L'approche centrée sur les problèmes consiste à mettre en avant les difficultés du couple et à tenter de les résoudre les unes après les autres : on raisonne ici en « résolution de problèmes ». L'autre met l'accent sur ce qui marche, sur ce qu'on sait être le mode de fonctionnement le plus harmonieux dans un couple. On tente alors d'introduire, dans la relation, ces nouvelles attitudes, sans nécessairement chercher à résoudre ce qui pose problème. Les deux approches ne sont pas antinomiques et peuvent se compléter efficacement.

C'est l'approche centrée sur les solutions que j'ai décidé de privilégier dans ce livre. Il est donc possible que vous soyez un peu étonné par la nature des changements auxquels je vous invite car ils parlent de générosité, de patience, de vigilance, etc. Néanmoins, il n'y a aucun enjeu moral dans ce qui va suivre. Le seul et unique critère qui compte, à mes yeux, est celui-ci : quand j'essaie de mettre en œuvre tel ou tel comportement, le plus sincèrement possible, cela induit-il un changement positif tangible dans ma relation ? Peu importe alors de savoir s'il est « bien », en valeur absolue (c'est le jugement moral), d'être généreux, patient, vigilant ou autre, l'important est de voir si ce que vous mettez en place dans votre relation marche ! Ce qui compte est que vous puissiez évaluer si, concrètement, faire preuve de ces qualités ou de ces attitudes d'ouverture à l'égard de votre conjoint améliore ou non votre situation actuelle. Si, sur la base de votre expérience, vous en concluez que ceci est bon pour votre relation, tout va bien : continuez. Sinon, passez à autre chose. Je vous propose donc une approche résolument pragmatique et seule votre expérience de ce qui fonctionne – ou non – prévaudra.

Réapprendre à donner

Commençons par la générosité. Prenez le temps de regarder depuis combien de temps la générosité a déserté votre relation. Vous rappelez-vous tous ces instants où vous avez sciemment décidé de ne pas être généreux envers votre partenaire pour le « punir », pour le frustrer ou pour toute autre raison ? Sur base de ce triste constat, n'auriez-vous pas envie d'essayer autre chose ?

Dans la solitude-isolement, on ne donne plus, ou si peu : juste le minimum syndical pour que la relation ne s'assèche pas trop. Le plaisir inhérent au fait de donner pour signifier à l'autre son affection a déserté la relation. On oublie aussi de recevoir, d'une part parce qu'on ne perçoit plus ce que l'autre continue pourtant à donner (c'est tellement acquis ou « normal » qu'on ne le voit plus), d'autre part parce qu'on ne s'attend plus à recevoir quoi que ce soit d'intéressant de la part de son conjoint. Le travail d'amour passe donc nécessairement par le réapprentissage de la générosité au sein de la relation : c'est la pierre d'achoppement de la restauration de votre relation.

Les langages de l'amour

Si vous ne parlez pas anglais et que je vous dis : « *I love you* », vous allez rester de marbre car vous ne comprenez pas ce que je suis en train de vous dire. Si vous me répondez en allemand : « *Ich liebe dich* » et que je n'ai jamais appris cette langue, je vais vous regarder d'un air bête, sans réagir. Nous nous disons notre amour pourtant, mais, comme nous le faisons dans une langue que nous ne comprenons ni l'un ni l'autre, nous restons insensibles à nos déclarations mutuelles. Tragique problème de communication car, au bout du compte, nous ne nous sentons pas aimé, alors que nous nous disons sans cesse notre amour ! Comment sortir de cette impasse ? Des thérapeutes de couple, comme Andrew Marshall ou Gary Chapman, ont identifié cinq langages différents pour exprimer l'amour à ceux que nous aimons. Il semblerait que chacun d'entre nous privilégie un langage particulier qui est son mode prédominant de communication de l'amour (avec, souvent, à côté, un autre langage annexe, plus secondaire). Quel est le vôtre ?

Dire son amour en comblant l'autre de petits cadeaux

Les personnes qui disent leur amour en offrant à celui (celle) qu'elles aiment des petits cadeaux disent en fait : « Quand je t'offre ceci ou cela, je te dis que je pense à toi et que tu comptes pour moi. » Ramener une babiole sans valeur d'un voyage, offrir un petit bouquet, passer des heures à fouiner dans une brocante pour trouver la théière en faïence qui ira parfaitement avec le service à thé de la personne aimée, découper un article dans le journal... tout cela montre comment se décline cette manière de dire « Je t'aime ». Voir leur partenaire n'accorder aucune valeur au petit cadeau qu'elles viennent de lui faire (même si c'est un pain au chocolat) est, pour eux, la marque la plus criante du non-amour.

Dire son amour en le déclinant par des actes concrets

Les personnes qui disent leur amour de cette manière l'instillent dans des attentions concrètes envers la personne aimée. Pour elles, l'amour est ce qu'il fait. « *Love is what love does* », disent les Anglo-Saxons. Les mots d'amour ne sont, pour eux, que des bavardages sans fondement et ils ont du mal à y croire si des actes tangibles n'en prennent pas le relais. Ces personnes disent leur amour par des gestes attentionnés, comme nettoyer le jardin parce qu'elles savent que cela fait plaisir, faire la surprise de venir chercher la personne aimée à l'aéroport, alors qu'elle ne s'y attendait pas, préparer un petit repas pour son conjoint qui rentre très tard d'une réunion professionnelle, etc.

De même, elles ne comprennent l'amour qu'on leur donne que si l'autre a, envers elles, des attentions similaires qui montrent concrètement leur amour. Sinon, elles ne se sentent pas aimées, même si c'est faux.

Dire son amour en le mettant en mots

Pour les personnes qui disent leur amour par les mots, ce qui est dit et est explicitement nommé a une valeur considérable. Il n'y a rien de plus précieux à leurs yeux. Leur amour passe par des petites phrases d'appréciation, d'encouragements, ou encore par des paroles valorisantes pour l'autre : « J'aime le film que tu as choisi pour nous », « Tu es quelqu'un d'important à mes yeux », « Tu es une personne fiable et je sais que je peux compter sur toi », etc. La réciproque est vraie : pour elles, l'absence de mots doux, de paroles réconfortantes ou traduisant l'appréciation de la part du (de la) partenaire est équivalente au non-amour. Elles ne se sentent aimées que si on le leur dit.

Dire son amour en passant des moments de qualité ensemble

Pour la personne qui privilégie cette façon de dire son amour, ce qui compte n'est pas le type d'activités que l'on fait ensemble (cela leur importe peu) mais le fait qu'on passe du temps ensemble. Le pire qu'on puisse faire à cette personne est d'oublier un rendez-vous où on devait partager un moment agréable (restaurant, ciné, promenade) : cela signifie, pour cette personne, que son (sa) partenaire ne l'aime pas, même si ce n'est pas du tout le cas.

Dire son amour en touchant l'autre

C'est la caractéristique des personnes « tactiles » : elles ne conçoivent pas le langage de l'amour (qui ne se réduit pas qu'au sexuel) hors du contact physique. Pour elles, les mots « Je t'aime » ne signifient rien émotionnellement, s'ils ne sont pas accompagnés d'une caresse sur la joue ou d'une pression sur la cuisse. Le toucher est le seul langage qu'elles comprennent. Il est donc capital que le (la) partenaire soit au courant et qu'il (elle) joigne toujours le geste à la parole, quand il (elle) dit son amour. Sinon, l'autre ne comprend pas qu'il (elle) est aimé ! La personne tactile s'engouffre dans la solitude-isolement quand elle n'est pas touchée.

Dans quels langages vous reconnaissez-vous le plus (un principal et un secondaire) – en sachant que, dans la phase de la fusion amoureuse, nous les utilisons tous en même temps ? Et surtout, à quelle catégorie appartient votre partenaire ? Demandez-lui quand et comment il (elle) se sent aimé. Vous aurez parfois des surprises. Nous nous attendons tous à ce que notre partenaire parle notre langage et nous supposons qu'il (elle) comprend la nôtre. Rien n'est moins sûr pourtant : il faut impérativement vérifier si c'est le cas (en fait, c'est rarement le cas !). Il est possible, par exemple, que vous réalisiez, catastrophé(e), que vous lui parliez de votre amour depuis des années dans un langage qu'il (elle) ne comprend pas (vous ne comprenez que les messages d'amour tactiles, alors qu'il (elle) s'époumone à vous dire son amour par des mots doux) ! Ou encore : elle (il) se plaint de votre manque d'amour parce que vous ne passez pas assez de temps ensemble, alors que, pour vous, vous ne cessez de lui dire « Je t'aime » quand vous vous occupez des enfants, tous les samedis après-midi, pour qu'elle (il) ait du temps libre pour elle (lui) ! Chacun se sent « mal aimé » ! Vous savez alors ce qui vous reste à faire. Faites l'essai ; ayez cette générosité d'apprendre le langage d'amour de votre partenaire et de lui donner les clés du vôtre : vous serez étonné des résultats !

Le don de l'écoute

Savez-vous ce qui fait qu'un(e) patient(e) tombe amoureux(se) de son psy ? Hormis la réactivation des figures parentales (ou autres) de notre passé (c'est ce qu'on appelle le transfert en psychanalyse), nous tombons amoureux de notre psy parce que cette personne nous écoute. Elle est là pour nous, nous prenant en compte avec une attention et une bienveillance couplées au désir de nous aider à sortir de nos ornières intérieures. Que faut-il de plus pour tomber sous le charme ?

La conclusion est évidente : faites tomber amoureux de vous votre conjoint en lui (re)donnant votre écoute !

Mais attention, je vous parle d'une réelle écoute, celle qui fait que votre partenaire sait, sans l'ombre d'un doute, que vous êtes là à 100 % quand il (elle) vous énonce ses peurs, ses questions, ses espoirs, ses joies, ses requêtes. Une réelle écoute est une démonstration d'amour et elle rejoint la définition que nous nous sommes donnée : un « élargissement » de nous-même visant à entrer dans la vision du monde de notre partenaire, pour tenter de le (la) comprendre là où il (elle) est. Ne vous inquiétez pas : vous savez écouter l'autre ; vous l'avez déjà fait, dans les premiers temps de la relation, quand vous étiez amoureux et que vous étiez capable de donner votre attention pendant des heures. Vous l'avez certainement oublié, mais rappelez-vous l'effet que suscitait votre écoute attentive. Pourquoi ne pas essayer à nouveau ? Vous n'imaginez pas combien cette simple démarche vis-à-vis de votre partenaire peut avoir un impact bénéfique.

Il faut juste savoir que « donner son écoute » prend une tonalité différente s'il s'agit d'un homme ou d'une femme. C'est ce que John Gray souligne dans *Les hommes viennent de Mars, les femmes viennent de Vénus*. Il affirme que les femmes ont davantage besoin de s'exprimer que les hommes et qu'elles peuvent parler in extenso d'un problème, sans avoir nécessairement besoin qu'on leur donne une solution. C'est tout l'inverse pour les hommes : ils auraient peu besoin de parler, avec une tendance à vouloir aller directement au but, afin de remédier, au plus vite, à la situation problématique. L'homme martien aurait donc la propension à court-circuiter le discours de sa compagne vénusienne, pour chercher immédiatement des solutions aux problèmes qu'elle soulève. Ainsi, au lieu d'écouter jusqu'au bout ce qu'elle lui dit, il commence déjà à chercher en lui des solutions (et donc il n'écoute plus !). Finalement, il interrompt sa compagne avec des : « Je te conseille de... je vais t'expliquer la situation… il faut que tu fasses… tu devrais t'y prendre ainsi », alors qu'elle ne souhaite que parler de ce qui la préoccupe, sans nécessairement solliciter une réponse de la part de son compagnon. Donc, si vous êtes un homme, écoutez votre compagne, même si vous avez l'impression qu'elle se perd dans les méandres de son discours – et de ses émotions – et rongez votre frein si vous voulez offrir trop rapidement votre avis. Si vous êtes une femme, écoutez le peu que vous donne à entendre votre compagnon, dans une perspective « synthétique » de recherche de solutions et ne croyez pas qu'il est un handicapé de la parole s'il ne vous livre que quelques phrases de ce qui le préoccupe !

Offrir votre écoute, c'est savoir aussi offrir votre silence : vous faites ainsi de la place à votre partenaire. Votre silence lui donne de l'espace, en lui permettant de laisser cheminer sa pensée, pour qu'il puisse aller en lui-même et trouve les mots justes pour nommer ce qui habite son cœur. En plein milieu d'une dispute, faire le choix délibéré du « silence-qui-donne-de-l'espace-à-l'autre » (et non le « silence-buté-de-la-fermeture »), c'est permettre à votre conjoint de se calmer intérieurement, au lieu de l'assommer des mots violents qui déferlent de votre bouche. Souvenez-vous de ce que nous avons dit au sujet de la noyade émotionnelle. Vous pouvez décider de garder le silence, alors que vous auriez plutôt envie d'assassiner votre partenaire ; cette décision devient un geste d'amour au milieu de la haine ambiante. Aimer est un choix, rappelez-vous-le sans cesse.

Vous l'avez compris : offrir une réelle écoute à votre partenaire entre dans le cadre du travail d'amour car il faut faire un effort pour entendre ce dont il (elle) parle, même si les besoins qu'il (elle) exprime derrière ses mots passent à travers le filtre déformant de coups de gueule ou de reproches. En effet, à force de ne pas/plus être entendu(e) par vous, il (elle) a peut-être « appris » à ne formuler ses besoins ou ses peurs que sous la forme de critiques ou d'accusations. Et vous avez fait de même ! Il est vrai que le décryptage de vos réelles demandes mutuelles devient alors plus difficile et qu'il faut vous éduquer l'un l'autre à nommer vos besoins sans y adjoindre la critique, comme si cela était la seule façon d'être entendu !

Ce dernier point soulève à nouveau la brûlante question de la réciprocité : OK, je suis d'accord pour donner mon écoute, mais il me donne quoi en retour ? Est-ce qu'il (elle) m'écoute moi ? On voit là pointer le piège du « donner avec l'intention d'immédiatement recevoir en retour ». C'est bien sûr extrêmement frustrant de donner votre écoute et de ne rien avoir en retour – ou si peu. Souvenez-vous de ce que je vous ai dit plus haut : votre attitude d'ouverture – ici d'écoute – risque d'être unilatérale pendant un certain temps. C'est seulement quand votre conjoint aura tiré du plaisir à être écouté qu'il comprendra plus aisément que vous aussi, vous avez besoin de l'être ! Si, avec patience, vous prenez le pli d'offrir régulièrement votre écoute à votre conjoint, vous vous rendrez compte qu'il (elle) sera plus enclin à vous reconnaître un besoin similaire. Progressivement, cela lui semblera « raisonnable » et surtout légitime. Vous serez alors plus à l'aise pour lui demander explicitement d'être écouté(e) et entendu(e) à votre tour.

Incidemment, la façon dont vous demandez à votre partenaire de vous écouter détermine la qualité de son écoute et son désir de le faire. Je ne vais pas développer ce point ici mais je vous invite à vous pencher sur les principes de ce qu'on appelle la « communication non violente » qu'expose Marshall Rosenberg. Dans *Les mots sont des fenêtres*, vous trouverez des clés très intéressantes de communication harmonieuse avec ceux qui vous entourent. Juste un exemple : savoir dire non sans déclencher un conflit ! Si vous n'avez pas envie de donner votre écoute ou si vous n'êtes pas disponible émotionnellement, vous devez apprendre à le dire clairement. On ne peut pas toujours être disponible pour l'autre, dès qu'il (elle) en a besoin ! Je vais vous donner un exemple personnel : dans ma consultation de psychiatre, il m'arrive parfois d'être trop fatigué émotionnellement pour offrir une écoute de qualité à mes patients. C'est très rare, mais ça arrive. J'appelle alors les patients que je dois voir dans la journée et je leur dis clairement mon indisponibilité en reportant leur rendez-vous à plus tard ! Je vous assure que l'accueil est toujours favorable car je leur donne alors l'assurance qu'ils seront écoutés la prochaine fois. Ainsi, quand vous dites à votre conjoint que vous ne pouvez pas l'écouter pour le moment, en lui proposant un autre moment où la discussion sera possible (c'est important), votre « refus » sera d'autant mieux reçu que vous lui aurez démontré que, quand vous l'écoutez, vous l'écoutez vraiment. Dit autrement, si la branche « écoute » de votre compte en banque émotionnel est bien pourvue chez votre partenaire, vous pourrez aisément vous permettre de lui dire : « Je ne peux pas t'écouter aujourd'hui, je serai plus disponible demain ou en fin de journée », sans que cela tourne au drame.

9

Retrouver le plaisir du temps partagé

Temps vides ou temps pleins ?

Regardez ce couple attablé dans un café, pour le *brunch* dominical : ils sont là, l'un et l'autre, plongés dans la lecture des journaux qu'ils n'ont pas eu le temps de lire pendant la semaine. L'un interpelle l'autre brièvement pour lui faire lire le passage d'un article ; et chacun reprend sa lecture. Pendant une heure et demie, ils n'échangent quasiment pas un mot mais ce bout d'après-midi leur semble « plein » ; ils sont juste heureux d'être ensemble.

Regardez maintenant cet autre couple, assis l'un en face de l'autre, dans ce même café. Ils ne font rien et se regardent en chiens de faïence, dans un silence pesant qui hurle leur ennui. Une heure plus tard, ils quittent leur table, tristes et lourds de leur solitude respective, se jurant de ne plus revivre ce calvaire.

Quelle différence entre ces couples ? Ils partagent tous deux un dimanche après-midi, mais se donner du temps ensemble ne suffit pas à faire de ce moment de vie partagé un instant de qualité. L'ingrédient essentiel qui fait la différence est le désir d'être ensemble.

Oui, mais comment faire émerger ce désir d'être ensemble avec mon conjoint ? Je n'ai plus ce désir ! Il nous faut alors définir – ou, du moins, esquisser – ce qui détermine le désir d'être ensemble – vaste programme, vous l'imaginez.

La dynamique du désir

Quel est le moteur du désir ? Une des composantes du désir (mais pas la seule, comme nous le verrons plus loin) est le plaisir que j'imagine tirer d'une situation donnée : si j'anticipe un plaisir à vivre cette situation, je vais automatiquement la désirer. C'est un comportement humain : nous sommes programmés pour rechercher les expériences sources de plaisir. Une situation devient promesse de plaisir quand je sais que je vais être stimulé, intéressé, compris, écouté, apaisé, étonné, rassuré, excité, etc. J'anticipe une situation, je la désire, car je m'attends à en obtenir quelque chose de plaisant en retour. Si je n'en attends rien (ou si je me suis persuadé qu'il n'y a rien à en attendre), c'est-à-dire si je n'y perçois aucun plaisir pour moi-même, je ne vais pas être porté par le désir de vivre cette situation. Je vais même être tenté de l'éviter ou, si cela m'est impossible, je vais la vivre, au mieux, sans émotion particulière, au pire, avec ennui et résignation.

Donc, dans l'idéal, avant de programmer une activité avec la personne que j'aime, j'aurais tout intérêt à m'assurer que cette activité que nous envisageons est véritablement source de plaisir. Et pour qu'un instant soit de qualité, il a besoin d'être source de plaisir pour tous les deux. Attention : si vous posez la question de l'anticipation du plaisir à votre partenaire, cela signifie que vous acceptez d'entendre sa réponse et de la respecter. Cela signifie que vous devez lui accorder le droit de dire non, sans aussitôt l'accabler de reproches s'il n'abonde pas dans votre sens (« C'est toujours pareil avec toi ! Tu n'es jamais d'accord avec ce que je propose ! »). En effet, si, effectivement, sa réponse est un non honnête, et que vous passez outre, le temps que vous allez passer ensemble n'aura aucune chance d'être vécu comme un moment de qualité car le plaisir, pour votre partenaire, en sera absent. Il (elle) risquera, de surcroît, d'être un peu agressif à votre égard, car il (elle) aura l'impression que vous lui avez forcé la main et que son refus n'a pas été respecté. Si, par exemple, vous traînez votre compagnon à une brocante « pour faire quelque chose d'amusant » et qu'il ne tire aucun plaisir à fouiller dans les vieilleries, ou si vous insistez pour que votre amie vous accompagne au Salon de l'automobile alors qu'elle a horreur des voitures, ils vont y aller à reculons et, même s'il s'agit d'un temps passé « ensemble », il ne sera pas de qualité. De plus, ils tenteront, tous les deux, de se défiler à toute nouvelle proposition de votre part, vous donnant ainsi toute latitude pour leur reprocher de ne jamais vouloir passer du temps avec vous !

Un autre exemple : je me souviens d'un patient qui vivait en martyr les promenades dominicales dans le parc avec sa fille et son épouse parce qu'il répondait à l'injonction de « faire des choses en famille ». La demande de la femme était juste, mais ne prenait pas en compte le désir de son mari ; pour lui, ce type de promenade conventionnelle suscitait une impression d'étouffement et un réel désarroi. Incidemment, il n'était pas le seul à en subir les conséquences : il retrouvait régulièrement son épouse en larmes en fin d'après-midi ! Personne ne trouvait son compte dans cette sortie (la petite fille, à la rigueur) car aucun des deux ne s'interrogeait sur leur désir véritable de faire cette promenade. Leurs véritables désirs (pas du tout identifiés d'ailleurs !) étaient ignorés quand ils donnaient la priorité à un supposé – et illusoire – « temps de qualité » vécu en famille.

Cela souligne un point capital : faites attention à ce que vous pensez que vous devriez désirer, alors qu'en réalité ce n'est pas votre désir. Exemples : ça devrait me faire plaisir de passer des vacances avec ma belle-famille (mais en fait, je ne supporte pas mon beau-père) ; ce serait normal que tu aies envie d'aller au cinéma avec moi ce soir (j'aime aller au cinéma avec toi mais ce soir, je suis crevé et j'ai envie de rester à la maison) ; tu devrais avoir envie d'aller courir avec moi (sauf que quand tu es avec moi, je ne peux pas courir aussi vite que je le souhaite et si je pars trop loin de toi, tu me fais ma tête parce que tu te plains d'être abandonnée), etc.

Accueillir les désirs

J'entends ici vos objections : « À ce train-là, on ne va plus rien faire. Quand je lui demande ce qui lui ferait plaisir, il n'a envie de rien, si ce n'est regarder la télé tout le week-end ! » Oui, c'est peut-être un authentique plaisir pour lui de regarder la télé, même si cela est incompréhensible pour vous, ou alors il énonce là un désir par défaut, en absence de toute autre proposition (de sa part et/ou de la vôtre) visant à explorer d'autres options, sources de plaisir pour l'un et pour l'autre. Une des questions importantes à se poser est donc : nous donnons-nous des options suffisamment attractives pour contrebalancer le redoutable pouvoir de l'habitude et, dans ce cas, la facilité du recours au petit écran ? Pourquoi et comment en sommes-nous arrivés là ? Regardez attentivement et écoutez-vous l'un l'autre : est-ce que je n'étouffe pas systématiquement dans l'œuf les désirs qu'exprime ma compagne ou mon compagnon ? Est-ce que je ne le (la) castre pas, dès qu'il (elle) énonce un désir qui ne rencontre pas mon approbation ? Est-ce que je lui ai « appris » qu'il était préférable pour lui (elle) d'abonder dans mon sens, sous peine de se voir « mouché » s'il (elle) s'avise d'avoir un désir autre que le mien ? Je sais bien qu'il est difficile d'avoir un tel recul sur soi-même, car, typiquement, c'est le genre d'attitudes qu'on a du mal à percevoir chez soi. Mais essayez de vous entendre parler le plus sincèrement possible. Essayez de voir si, véritablement, vous êtes à l'écoute des propositions de votre partenaire ou si, au contraire, vous avez, presque à votre insu, développé une habitude de dénigrement systématique. Écoutez bien.

D'accord. Mais vous pourriez à nouveau me rétorquer : et moi alors ? Je fais cet effort mais est-ce qu'il (elle) est à l'écoute de mes désirs ? La réponse est presque identique à celle énoncée plus haut. Ce n'est que par le questionnement régulier de vos désirs mutuels par rapport à telle ou telle activité et par l'accueil attentif et la prise en compte des désirs de votre partenaire que vous parviendrez à infléchir le cours de votre fonctionnement habituel et que vos propres désirs seront progressivement plus aisément entendus et respectés par votre partenaire. Se voyant régulièrement accueilli(e) dans ses désirs – et dans ses refus –, on peut espérer qu'il (elle) sera de plus en plus enclin à faire de même vis-à-vis des vôtres. Cela prendra un certain temps, mais il y a de grandes chances que vous parviendrez au but.

Réapprendre le plaisir d'être ensemble

Quand on reste longtemps alité suite à un accident, une activité aussi élémentaire que la marche a souvent besoin d'être réapprise, rééduquée. Il n'est pas faux d'affirmer que c'est la même chose avec le plaisir – et plus particulièrement avec le plaisir de passer du temps ensemble. Autant il est vrai que le désir ne se commande pas avec la volonté (il est impossible de vouloir désirer quelque chose), autant le plaisir peut être quelque chose qui se rééduque. C'est là une des voies de sortie de cette impasse relationnelle. Je vous donne un exemple très basique : souvenez-vous quand vous avez appris à faire du vélo. C'était pénible au début, n'est-ce pas ? Vous deviez monter sur la selle, trouver votre équilibre... et vous fracasser par terre. Néanmoins, vous remontiez sur votre vélo, pour vous affaler à nouveau : il n'y avait pas beaucoup de plaisir dans tout cela, juste la volonté d'y arriver comme votre grand frère ou votre petit cousin. Et puis, avec le temps, à force de vous acharner, vous avez pu tenir sur la selle pendant cinq minutes, quinze minutes, une heure ! Jusqu'au jour où, ça y est, vous avez éprouvé l'immense plaisir de sillonner la campagne avec eux ! Ainsi, par vos efforts, vous avez découvert un plaisir nouveau, le plaisir de faire du vélo !

Il en va du même avec votre conjoint. Même si votre relation en est à un point où vous n'avez plus aucun désir de passer du temps ensemble (mais que vous souhaitez toujours préserver la relation qui vous unit), vous avez la possibilité de réapprendre à générer en vous le plaisir à l'être. Cela demande la même volonté (acharnée !) que celle que vous avez déployée en apprenant à faire du vélo. Vous pouvez rééduquer votre plaisir en décidant de faire des choses ensemble. Mais soyons clair : cela signifie que, au début, il y aura très peu de plaisir à vous retrouver avec votre conjoint. La condition sine qua non est qu'il s'agisse d'une activité que vous aurez choisie l'un et l'autre comme potentiellement source de plaisir (il est impératif que vous y trouviez tous les deux votre compte pour que ça marche !). Il faudra beaucoup de temps – et beaucoup de tentatives – pour que commence à émerger le plaisir de faire des choses ensemble mais, le plaisir naissant, le désir d'être ensemble commencera lui aussi à se manifester. Une autre condition indispensable est de sincèrement décider d'être le plus présent possible à votre conjoint et à la situation au moment où vous la vivez. Si vous la vivez en souhaitant être ailleurs, il vaut mieux vous abstenir. En persévérant dans cette démarche, vous serez étonné du plaisir que votre couple est finalement capable de générer, petit à petit. Là encore, il va falloir le vouloir, mais, à la lumière de l'expérience des couples qui se sont donné cette chance, on peut affirmer que cette démarche est valide et porteuse de promesses. En vous expliquant cela, je me situe donc en amont des conseils qu'on peut lire parfois dans certains magazines : « Décidez d'un soir par semaine rien que pour vous, pour un dîner au restau, un ciné, une promenade, sans les enfants. » Ce sont bien sûr des bons conseils mais ils font l'impasse sur la nécessité d'être conscient d'un désir/plaisir à rééduquer. Il faut donc être lucide que le couple a besoin de réapprendre le plaisir à être ensemble et que ce n'est pas toujours une partie de plaisir. Cela veut dire concrètement qu'il va falloir parfois y aller en force. Il est même tout à fait possible que ces moments de partage ne soient pas très agréables au début. Donc, pas de panique ! Ne vous angoissez pas s'il ne se passe rien d'extraordinaire dans les premiers temps. D'ailleurs, c'est presque inévitable ! Dans ce cas, le nec plus ultra est d'avoir le courage de vous l'avouer réciproquement, tout en vous disant que ce n'est pas si grave que ça : nous sommes en train de réapprendre à être bien l'un avec l'autre et ce n'est pas chose facile. Ainsi, si ce temps partagé est un bon temps passé ensemble, c'est formidable ; jouissez-en pleinement. S'il est fade ou un peu ennuyeux, essayez de le reconnaître, sans dramatiser, et faites-vous la promesse de persévérer dans cette démarche : en agissant ainsi, vous vous dites votre détermination à donner la priorité à votre couple et, implicitement, même si c'est du bout des lèvres, vous vous dites votre amour. C'est cela qui compte !

Redécouvrir le plaisir du contact physique

N'y a-t-il pas pire solitude que lorsqu'on est dans un lit avec son compagnon ou sa compagne, sans que les corps soient en contact un seul instant ? La perte de l'intimité est le reflet le plus flagrant de la perte de lien au sein du couple. Non seulement on ne fait plus l'amour – ou très peu – mais on se touche de moins en moins au quotidien ; et à cause de cela, le lien devient virtuel ou, au mieux, fraternel. La restauration du lien d'amour passe par un retour du toucher intime.

Le « toucher intime » ne se résume pas à l'acte sexuel. On dit d'ailleurs que le sexe n'intervient que dans 30 % de l'intimité physique. L'amour peut exister en l'absence de sexualité dans un couple, sans que le toucher intime ait déserté la relation. Le non-sexuel (au sens « non-génital ») recouvre les caresses, les baisers, les étreintes, les effleurements, le simple fait de tenir la main de l'autre dans l'obscurité d'un cinéma, etc. Non, non, ce n'est pas être naïvement romantique que d'insister sur ces petits détails du quotidien ! Nous sommes des animaux à sang chaud et notre corps a besoin d'être touché pour vivre. Avez-vous entendu parler de ces terribles expériences où, dès sa naissance, on sépare un jeune chimpanzé de sa mère, le privant de tout contact physique ? Même s'il est correctement nourri et maintenu au chaud, il ne tarde pas à dépérir et meurt très rapidement. L'enseignement à tirer est limpide : toucher l'autre le rend vivant. Le toucher revient à lui dire : « Tu existes », à un niveau très profond, très archaïque, très essentiel. C'est un don à l'autre d'une valeur inestimable. Il est si absurde d'en être avare, alors que nous avons, dans nos doigts, un puissant moyen d'apporter, à peu de frais, énormément d'apaisement, de sécurité et d'identité.

Quand on ne se touche plus depuis longtemps, on oublie progressivement le plaisir d'une longue étreinte silencieuse et on s'en tient au minimum, comme une bise sur la joue. On perd progressivement l'habitude de communiquer à ce niveau. Et moins on se touche, moins on a envie de se toucher. Mais il n'y a pas que cela. On constate que de nombreuses personnes (surtout des femmes, semble-t-il) se montrent réfractaires au toucher de leur partenaire, non pas parce qu'elles n'en ont pas besoin, mais parce qu'elles ont compris que le toucher intime est, pour lui, le prélude à un rapport sexuel qu'elles ne désirent pas nécessairement. Elles n'encouragent donc pas les tentatives de rapprochement et, de fil en aiguille, le désir s'émousse et finit par se tarir.

Retrouver le toucher

Comment réapprendre à se toucher intimement, que ce soit sexuellement ou non ? De nombreuses approches psychothérapeutiques en sexologie ont pour objectif de réintroduire le toucher au sein de la relation. Les sexologues insistent pour que le couple réapprivoise le toucher intime, sans qu'il soit sexuel dans les premiers temps de cette « rééducation », comme s'il fallait réapprendre à se toucher de façon sensuelle avant de passer à la dimension sexuelle. Le thérapeute conjugal Andrew Marshall décrit ainsi une méthode en douze points qui vise à réamorcer le désir sexuel dans l'intime. Le rapport sexuel physique, en tant que tel, n'apparaît qu'à la huitième étape !

« – Validez-vous l'un l'autre (compliments, mots d'appréciation).

– Saisissez chaque occasion de vous parler.

– Réservez des moments privilégiés pour parler de vous, de vos espoirs, de vos peurs.

– Confiez un secret à votre partenaire.

– Touchez votre partenaire.

– Partagez (« un bol de glace vanille dans un bain chaud », conseille Marshall !).

– Posez le décor de votre intimité – revoyez l'ambiance de votre chambre.

– Faites l'amour plus doucement.

– Trouvez de nouvelles zones érogènes.

– La pénétration n'est pas obligatoire.

– Faites du premier pas une responsabilité partagée.

– Faites des expériences nouvelles[1]. »

Les jeux sexuels

Une caractéristique de la solitude-isolement dans le couple est la perte du désir. Souvenez-vous ce que nous avons dit au sujet du désir et du plaisir : le désir n'émerge que s'il y a anticipation d'un plaisir à venir. Donc, si vous voyez le rapport sexuel comme quelque chose de mécanique où il n'y a plus de surprise, si vous n'anticipez pas de plaisir, le désir ne risque pas de monter en vous. Si vous vous attendez à vous ennuyer pendant l'acte sexuel, vous n'aurez certainement pas envie de l'encourager.

Les faits sont là : beaucoup de couples souffrant de solitude-isolement s'ennuient profondément dans leur sexualité. L'ennui découle de la répétition sans imagination de gestes et d'attitudes qui restent immuables au fil du temps. Un élément clé manque : la dimension ludique et joyeuse de l'acte sexuel. Or le jeu tient sa source dans l'imaginaire ; il se nourrit des fantasmes. Si les fantasmes sexuels sont tus, sous le joug de la morale ou du « bien-pensant », on se coupe à la source de ce qui alimente le jeu. L'acte perd son côté *fun* et, quand le jeu

1. Marshall A., *Je t'aime, mais je ne suis plus amoureux. Que faire quand la passion n'est plus au rendez-vous*, Marabout, 2007.

s'éteint, l'ennui s'installe. Le problème est que nous sommes truffés d'inhibitions dans l'expression de nos fantasmes. Nous sommes tellement inhibés que nous ignorons même la nature de nos fantasmes ! Le premier obstacle est notre propre jugement négatif sur nos fantasmes, ce qui nous empêche d'y avoir facilement accès. Et quand bien même nous serions plus ou moins au clair sur nos désirs secrets, nous redoutons le jugement de notre partenaire si nous osions lui en faire part. Perclus de honte, nous craignons de choquer ou de paraître malsain dans notre souhait d'explorer de nouveaux territoires. Nous confondons fantasmes et pornographie, bloquant en nous ce qui pourrait pourtant représenter un renouveau sexuel dans notre couple.

Philippe est un solide gaillard de trente-deux ans. Il est marié à Sophie depuis sept ans. Philippe aime sincèrement son épouse, mais il s'ennuie sexuellement avec elle et, en conséquence, ils ne font l'amour que très occasionnellement. Sophie est très douce, très féminine ; la maison est pleine de fleurs et de couleurs pastel. Il le reconnaît et trouve très sécurisant ce *home, sweet home* qu'elle a construit pour lui. Mais, dans l'intimité du cabinet du psy, il avoue que tout cela le castre dans sa masculinité car leurs rapports sexuels sont à cette image : doux, féminins, pleins de fleurs et de couleurs pastel. Lui a envie de quelque chose d'un peu plus cru. Un jour, il prend son courage à deux mains et, bafouillant et se prenant les pieds dans le tapis à chaque mot, il fait part à son épouse des fantasmes qui le hantent depuis longtemps. Elle rosit et éclate de rire ! Encouragée par les confidences de son mari, elle lui énonce, à son tour, ses propres fantasmes et un grand sourire s'affiche sur le visage de Philippe : ils sont sur la même longueur d'onde, sans jamais se l'être avoué ! Elle reconnaît qu'elle prenait bien soin de taire ses fantasmes, craignant de le choquer et pensant – à tort ! – qu'il aimait ce qu'elle lui proposait sexuellement. La suite est trop torride pour être relatée ici.

Allons dans le détail des fantasmes sexuels. Il y aurait tant à dire sur les interdits que nous nous imposons dans leur expression ! Prenons l'exemple des grands « standards » des fantasmes masculins : la domination sado-maso, la vamp, l'infirmière, etc. Il est possible que ni l'un ni l'autre vous ne vous autorisiez à parler des scénarios que vous fantasmez et encore moins que vous vous autorisiez à les mettre en scène, par crainte de vos jugements respectifs. Très souvent, ces obstacles trouvent leurs racines dans le fait que vous et votre partenaire avez du mal à faire la différence entre le fantasme et la réalité : vous oubliez qu'il s'agit d'un simple jeu et que vous n'êtes pas le personnage que vous jouez dans vos jeux sexuels ! Quand Anthony Hopkins joue le psychiatre fou dans *Le Silence des agneaux*, il sait pertinemment qu'il n'est pas, fondamentalement, un *serial killer*. Pourtant, tout le monde se délecte à le croire pendant la durée du film. De même, quand vous jouez la maîtresse dominatrice pendant un rapport intime, vous n'êtes pas fondamentalement une maîtresse dominatrice. Et votre compagnon n'est pas un esclave soumis non plus ! Il ne faut pas tout confondre ! Un autre exemple d'inhibition des fantasmes par peur du jugement : quand votre compagnon n'ose pas vous avouer qu'il aime les attouchements anaux, il craint d'être perçu par vous comme ayant des tendances homosexuelles, alors qu'il oublie que l'anus est une zone érogène bourrée de terminaisons nerveuses et que leur stimulation engendre mécaniquement du plaisir, indépendamment de l'orientation sexuelle ! N'oubliez pas que nous parlons là de jeu et de plaisir. Dans le jeu, on adopte des rôles et c'est parce qu'on n'est plus tout à fait soi-même, dans ce nouveau personnage, qu'on s'autorise à se lâcher. Il est néanmoins capital que la confiance soit au rendez-vous, en étant certain que le (la) partenaire ne va pas vous trahir dans ce que vous aurez osé lui montrer de vous. Car, quand on parle de jeu, cela implique qu'on pose ensemble les règles de ce jeu, avec un cadre bien défini et des limites claires qui permettent de bien circonscrire quand on entre dans le jeu – et dans un rôle donné – et quand on en sort. Le contrat doit être limpide en vous ; il constitue une sécurité mutuelle qui vous aide à dépasser ensemble vos schémas de pensée limitants.

À cet égard, les mentalités sont en train de changer et c'est tant mieux. On voit de plus en plus, dans les grandes villes, des magasins qui ont pignon sur rue et qui proposent, dans des ambiances chic-branchées, toute une gamme de produits érotiques (*sex toys*, jouets pour adultes et autres huiles de massage !) mettant l'accent sur une dimension *chic sexy* du sexe, annulant ainsi la dimension pornographique. Pourquoi ne pas y aller ensemble et assumer pleinement cette démarche ? Cela pourrait être aussi l'occasion de vous interroger l'un l'autre explicitement – peut-être pour la première fois – sur la nature de vos désirs : est-ce que je connais tes fantasmes ? Est-ce que je crée les conditions pour tu puisses m'en parler sans crainte, ou est-ce que je laisse planer une vague condamnation qui interdit tout dialogue sincère et franc ? Quelles sont les inhibitions ou les jugements négatifs que je m'adresse à moi-même quand j'envisage de parler de mes propres fantasmes ? Suis-je prêt(e) à franchir le pas, en nommant ouvertement – et sans crainte – ce que je désire ? Donnez-vous la possibilité d'explorer cet espace méconnu s'il vous paraît digne d'intérêt. Ne tombez pas dans le travers qui mettrait l'amour « pur » d'un côté et les fantasmes sexuels de l'autre. Ils ne sont, en aucune façon, antinomiques avec un amour sincère et profond. Tout cela parle de plaisir, le plaisir de se retrouver dans la joie et l'abandon de l'intime sexuel. Le plaisir de dépasser vos propres limitations intérieures.

Le secret du désir

Le désir naît du manque, de la frustration, de la crainte ! Quand votre partenaire vous considère comme « acquis(e) », c'est peut-être parce qu'il (elle) n'est pas assez en manque, ou pas assez frustré, ou pas suffisamment dans la crainte. Et c'est pour cela qu'il ne vous désire plus autant ! Entendez bien que tout ce qui va suivre ne se limite pas à la sphère sexuelle.

Le désir est une mise en tension intérieure et on sait que toute tension psychique cherche à s'apaiser. Plus on tarde à assouvir le désir, plus la tension intérieure s'exacerbe. Quand vous commettez l'erreur de répondre trop vite au désir de votre partenaire – pire : quand vous devancez trop rapidement et/ou trop systématiquement son désir –, vous privez votre partenaire de ce petit *boost* émotionnel qui le (la) met en tension. Or ressentir ce *boost* (troublant mélange de plaisir et de peur) est particulièrement délicieux pour l'être humain. Quand, dans l'intimité du couple, tout est prévisible et sans surprise, quand tous les désirs sont satisfaits trop rapidement ou trop systématiquement, quand il n'y a plus de mise en danger ou de crainte par rapport à l'amour qu'on reçoit, quand il n'y a plus de frustration, de manque, de mise en tension intérieure, il n'y a plus de désir ! Et quand il n'y a plus la tension du désir dans le couple, on s'y ennuie ! Donc, quand vous faites tout pour votre partenaire, quand il (elle) ne manque de rien, quand vous êtes trop bonne « femme d'intérieur » ou trop « bon mari qui pourvoit à tout », pensant que c'est ainsi que votre partenaire va vous aimer, vous vous trompez peut-être lourdement. Vous lui apprenez à ne plus être en manque, à ne plus être frustré, à ne plus avoir peur. De là, comblant tous les besoins ou attentes de votre partenaire, vous étouffez le désir et l'intérêt qu'il vous porte : tout est acquis, tout va de soi, pas de menace, pas d'inquiétude ! Arrivé à ce stade, ce n'est que quand vous n'en pouvez plus de faire partie des meubles et que vous menacez de tout plaquer qu'il (elle) commence à s'alarmer : il (elle) comprend soudain qu'il (elle) a beaucoup à perdre, si vous partez. Il n'est peut-être pas nécessaire d'en arriver là.

Ainsi, veillez à ne pas tout donner, tout de suite. Apprendre à faire attendre, à différer, à faire patienter votre partenaire. Arrêtez une habitude ou quelque chose que vous faites pour votre partenaire et qu'il (elle) considère comme acquis et regardez ce que cela engendre chez lui (elle). Si vous êtes une femme, prenez des vacances avec des amies, « entre filles », et regardez ce que cela suscite chez votre partenaire : de la curiosité ? Une vague inquiétude ? Cela peut engendrer des coups de téléphone plus réguliers de sa part et une plus grande joie à vous retrouver.

Un autre exemple : vous voulez de la proximité physique avec votre partenaire ? Mettez de la distance entre vous ! Vous avez remarqué que, plus vous vous avancez, plus il (elle) s'éloigne. Reculez donc à votre tour et regardez ce qui se passe. Il (elle) va être surpris(e) et il y a de grandes chances pour que, après un certain temps, il (elle) avance à son tour vers vous. Et plus vous allez reculer, plus il (elle) va s'avancer. Une autre version de cet exemple est de donner à votre partenaire beaucoup plus d'espace qu'il en demande. Très souvent, il (elle) s'inquiète de cette grande liberté que vous lui accordez et il aura tendance à rester plus volontiers auprès de vous – voire à se rapprocher encore davantage ! C'est une loi relationnelle qui se vérifie sans cesse. L'autre ne choisit plus de passer un moment avec vous parce que vous le lui demandez avec insistance, il le fait parce qu'il a envie de le faire – et aussi parce qu'il s'exerce, en lui, une subtile pression qui le pousse à le faire.

Tout cela peut être très amusant, mais attention : le secret que je vous livre là est à double tranchant et il est indispensable de le mettre en œuvre avec sagesse et discernement. En effet, quand on met l'autre dans le manque, la frustration ou la crainte, cela va certes exacerber son désir, mais si cela dure trop longtemps, l'autre risque d'être trop en souffrance… au point de décider de renoncer à vous, l'objet de son désir ! L'idée ici est uniquement de susciter le désir et non de faire souffrir – et encore moins de vous venger du manque d'attention de votre partenaire. Le seul moyen de contourner cet écueil est de veiller à rester dans un état d'esprit bienveillant et d'avoir une motivation claire : susciter le désir chez votre partenaire car vous tenez à la relation qui vous lie – recréer les conditions du désir, afin de réinjecter le plaisir dans votre relation. Vous ne voulez pas le (la) faire souffrir ou mettre en danger votre couple en jouant trop impunément avec lui. Tout cela doit rester léger et affectueux.

10

S'accueillir l'un l'autre

« La vraie intimité est celle qui permet de rêver ensemble aux rêves de chacun[1] », écrit Jacques Salomé dans *Vivre avec soi.* J'aime cette définition ; elle est, pour moi, celle qui incarne le mieux le travail d'amour.

Or qu'est-ce qu'un rêve, si ce n'est l'expression d'un désir profond ? De là, qu'y a-t-il de plus réjouissant que de savoir que la personne qu'on aime nous comprend, nous aide et nous soutient dans l'accomplissement de ce rêve, de ce désir ? De nombreux thérapeutes affirment qu'un des secrets du bonheur dans le couple provient du fait de s'enquérir des aspirations profondes de l'un et de l'autre et de chercher sincèrement à les concrétiser. Ils ajoutent que ce qui compte, ce n'est pas le fait d'adhérer, de façon inconditionnelle, aux aspirations de l'autre – on a le droit de ne pas y souscrire à 100 % – mais, de faire preuve d'une réelle ouverture de cœur à leur égard, comprenant leur importance pour son partenaire, même si, soi-même, on n'en perçoit pas autant. C'est cela « accueillir les rêves » : encourager votre conjoint à devenir tout ce qu'il (elle) est capable de devenir ; l'aider à actualiser son potentiel par la reconnaissance de ses désirs, de ses talents et de ses

1. Albin Michel, 1992.

compétences. Rappelez-vous ce que nous avons dit au sujet des points forts mis en évidence dans l'enquête de l'Institut Gallup : nous réussissons ce que nous entreprenons quand nous nous appuyons sur eux.

Sais-tu à quoi je rêve ?

Encore faut-il que vous soyez au courant des rêves qui habitent votre partenaire. C'est un indispensable prérequis. « Accueillir ses rêves » suppose d'abord que vous les connaissiez ! Mais, est-ce vraiment le cas ? On peut passer des années à côté de quelqu'un sans savoir ce qui anime secrètement son cœur. Pourquoi ? Parce que, très souvent, on ne lui a pas demandé ! Lui avez-vous demandé ? Savez-vous à quoi aspire votre compagnon ou votre compagne ? Connaissez-vous ses rêves les plus fous ? Quels sont ses projets, ses ambitions ? Garde-t-il (elle), en lui (elle), des désirs inassouvis qu'il (elle) contemple, un peu triste, ne sachant pas quoi en faire ? Êtes-vous au courant de son souhait d'aller faire un trek de trois mois dans l'Himalaya ? Savez-vous que son souhait le plus cher, et le plus secret, serait de prendre une année sabbatique et de s'inscrire dans une école d'arts plastiques ? Vous a-t-il déjà parlé de ce vieux rêve de retaper cette vieille bicoque héritée de sa grand-mère ? Savez-vous qu'elle déteste son nez depuis l'adolescence et qu'elle rêve d'avoir recours à la chirurgie esthétique ?

Puisque nous nous plaçons dans le cadre du travail d'amour envers votre partenaire (donc de vous vers lui (elle)), imaginez, après avoir pris connaissance d'un de ses « rêves », que vous lui disiez : « OK, banco ! Vas-y, je suis avec toi ! » Imaginez sa surprise et sa joie ! Elles seront d'autant plus grandes que vous ne lui avez pas tenu ce discours depuis des années. Mais si vous ne demandez rien, si vous attendez qu'il (elle) fasse le premier pas, si vous ne le (la) sollicitez pas explicitement sur ses rêves et désirs, vous n'en saurez rien ! Et lui (elle) non plus d'ailleurs, tant il est vrai que nous sommes trop souvent aveugles à ce qui nous fait le plus de bien. Votre travail d'amour consiste donc à inviter votre partenaire à se connecter à ce qui compte pour lui (elle) ; devenez l'avocat et le promoteur de ses rêves et de ses aspirations profondes. Aidez-le (la) aussi à les assumer et à les porter jusqu'au bout, car nous ne donnons pas beaucoup de chances à nos propres désirs quand personne ne les valide. Vous verrez alors combien le simple fait de montrer à votre partenaire que vous faites le réel et sincère effort de s'intéresser à ses rêves et de les porter avec lui (elle) constitue un immense dépôt en votre faveur sur son compte émotionnel. Quelques exemples.

– Votre compagne a un réel talent d'écriture mais elle se dénigre elle-même dès qu'elle écrit deux lignes. Elle se met avec ardeur au travail quand vous l'encouragez et quand vous l'aidez à dépasser les obstacles qu'elle s'impose elle-même. Un jour, elle vous accueille avec un gigantesque sourire : son premier article vient d'être publié !

– Votre mari se plaint que sa vie professionnelle n'a pas de sens ; il aspire à faire du bénévolat dans le centre Emmaüs proche de votre domicile, mais il craint de ne pas avoir assez de temps, et surtout il a peur de ne pas être à la hauteur. Vous l'aidez à clarifier son désir et sa motivation et décidez ensemble d'un soir où il pourra se consacrer à cette activité. Vous savez qu'il est en train de dépasser ses inhibitions et qu'il gagne en estime de lui-même.

– Votre compagne se sent frustrée dans son travail et voudrait progresser dans sa société ; pour cela, elle devrait suivre une formation complémentaire, en cours du soir, mais elle recule à cause des enfants et de la charge supplémentaire de travail domestique qui risque de peser sur vous. Vous décidez d'être solidaire de son désir. Vous faites le point ensemble en élaborant un programme qui rend possible la réalisation de son désir. Elle s'inscrit à sa formation, décroche un nouveau diplôme quelques mois plus tard et se voit proposer une promotion totalement inespérée !

Voilà le travail d'amour en action ! Peu importe comment il se décline : encouragements, propos valorisants, compliments, participation active ou implication dans le projet de l'autre, apport d'un soutien « logistique » ou financier, etc. La liste est sans fin ! Vous comprendrez aussi que le fait d'accompagner votre conjoint dans la réalisation de ses désirs ouvre la possibilité d'un retour extrêmement positif pour vous et votre relation : un (une) partenaire heureux(se) et accompli(e) est toujours d'agréable compagnie !

Rêver ensemble

Si le travail d'amour envers votre partenaire fait de la place à ses rêves, le principe de réciprocité doit impérativement s'appliquer ici : vous devez, vous aussi, revendiquer l'actualisation de vos propres rêves et aspirations profondes. Et votre partenaire y consentira d'autant plus qu'il (elle) voit que vous accordez de l'importance aux siens ! La conscience de vos désirs et aspirations profondes pourrait alors déboucher sur une « intelligence conjugale » et faire que votre relation devienne le lieu privilégié d'accomplissement de vos rêves respectifs. Vous jetteriez ainsi les fondations d'un projet ambitieux pour votre couple, un projet capable de le soustraire à la tristesse de la solitude-isolement. Il y a un surcroît d'intimité à approcher les souhaits de vie les plus profonds de la personne qu'on aime et un surcroît de richesse, pour la relation, quand on travaille ensemble à les satisfaire. C'est peut-être là que réside le sens véritable de votre relation.

Apprendre, aussi, à recevoir

« Je ne fais que donner dans cette relation ! J'en ai marre ! » raconte cette femme. Quand on lui demande ce que son mari lui donne en retour, sa réponse est tout aussi radicale : « Rien ! Strictement rien ! C'est désespérant d'égoïsme. » Mais son mari se plaint aussi de son côté : « Elle ne fait que prendre ! Je bosse comme un fou pour lui donner une vie de rêve et je n'ai quasiment rien en retour. » Sauf que son épouse a renoncé à sa carrière de designer pour le suivre, pendant quatre ans, aux États-Unis ; elle s'occupe merveilleusement de leurs deux enfants et elle lui donne un confort de vie que beaucoup lui envient… à part lui, qui ne voit rien de tout ce qu'elle fait pour lui !

Reconnaissons-le : avec un zeste de mauvaise foi et de sincère aveuglement, nous sommes souvent incapables de voir ce que notre partenaire fait pour nous, alors que nous sommes très prompts à mettre en avant combien nous nous décarcassons pour lui (elle). Plus la solitude-isolement s'empare de nous, plus nous avons tendance à « zoomer » sur ce qui ne va pas : son mauvais caractère, ses habitudes exaspérantes, ces remarques désobligeantes, ses poils dans le lavabo. Nous en venons à ne plus percevoir que, au quotidien, notre partenaire nous donne son temps, son attention, sa bienveillance, sa confiance, sa force, son intelligence, sa réassurance, ses compétences, etc. Au bout du compte, comme nous ne nous attardons pas sur ce que tout cela représente, nous en arrivons, encore une fois, à considérer ces attentions comme un acquis ou une évidence, comme si elles allaient de soi : cette personne est notre partenaire de vie ; il est donc « normal » qu'il (elle) fasse tout cela pour nous.

Eh bien non, ce n'est pas « normal », même si cela fait dix ans que vous vivez ensemble. Et il serait grand temps de vous en rendre compte car le vécu de solitude-isolement ne risque pas d'arranger la situation ! Ce déni inconscient de la générosité de l'autre fait mal à celui ou celle qui s'y efforce ; il abîme insidieusement le lien d'amour. Comment infléchir ce déni destructeur ? En initiant en vous un mouvement intérieur qui prend conscience des attentions multiples de l'autre à votre égard. Ce mouvement a un nom : c'est la gratitude ! Le fait d'être reconnaissant de ce que l'on a et de ce que l'on reçoit.

Comment décliner concrètement la gratitude dans votre relation ? Commencez par regarder, avec un regard neuf, ce que votre conjoint fait pour vous. Attention : « ce qu'il (elle) fait pour vous », et non pas « ce que vous voudriez qu'il (elle) fasse pour vous ». C'est là toute la différence. Ne jugez donc pas ses actes à l'aune de vos propres attentes ; voyez plutôt ce qu'il (elle) fait pour vous, en valeur absolue, sans vous référer à ce que vous voulez, vous. Essayez de capter son intention à votre égard, son désir de vous aider ou de vous faire plaisir, même si, au bout du compte, il (elle) loupe son coup – peu importe, ce n'est pas ça qui compte pour le moment. L'essentiel est de prendre conscience de sa motivation positive à votre égard et de son « travail » d'expansion de ses propres limites, dans le but de vous aider ou d'être gentil avec vous. Laissez-vous toucher, tout simplement. Et puis, faites cette expérience : après avoir identifié un petit acte de générosité de sa part, allez-le (la) voir, prenez-lui les mains et dites-lui « merci » pour ce qu'il (elle) vient de faire. Nommez explicitement votre gratitude ; dites combien ce petit geste ou cette petite attention vous touche, combien cela vous fait du bien, même s'il s'agit de quelque chose d'anodin. Essayez en y mettant toute votre sincérité (une gratitude feinte sonne toujours faux !) et regardez ce qui se passe.

Ce qu'il y a d'étonnant dans cette attitude d'esprit

de « conscientisation » des gestes de générosité, c'est que lorsque vous en cherchez, vous en trouvez ! Ainsi, vous pouvez avoir la surprise de découvrir que votre conjoint est, en fait, plein d'attentions à votre égard, même si ce ne sont pas celles qui comptent à vos yeux (c'est d'ailleurs pour cela que vous ne les voyez pas !) : vous vous apercevez, par exemple, qu'il descend toujours les poubelles et qu'il nettoie systématiquement le jardin dès les premières feuilles mortes, parce qu'il sait que vous n'aimez pas le faire vous-même. Il a cette galanterie d'un autre âge quand il vous tient la porte ou quand il passe devant vous, alors que vous descendez l'escalier, en bon gentleman (sachez que l'idée derrière ce comportement est de pouvoir amortir la chute de la dame, si elle manque une marche !), etc. La gratitude, quand elle est régulièrement nommée et exprimée, signifie à votre partenaire que vous le (la) prenez vraiment en compte et que vous appréciez à sa juste valeur ce qu'il (elle) fait pour vous. Vous lui signifiez qu'il (elle) existe à vos yeux. Cela engendre un autre cercle vertueux : l'expression de votre gratitude est un puissant encouragement à ce qu'il (elle) donne encore davantage, parce que cela fait du bien de s'entendre dire que ce que l'on fait est reconnu et apprécié ! En énonçant votre gratitude pour les petites et les grandes choses de votre vie, vous honorez le lien d'amour qui vous unit. Face à cela, le sentiment de solitude-isolement ne peut pas faire le poids !

Travail d'amour, travail de patience !

Il m'exaspère avec ses habitudes de vieil adolescent attardé ! C'est un brillant chef d'entreprise mais il est incapable de mettre ses affaires au sale. Ce n'est pourtant pas sorcier ! J'ai parfois l'impression d'être sa maman et de devoir refaire son éducation. Des fois, on en joue et il y a une certaine complicité amusée qui s'installe, mais d'autres fois, c'est tout bonnement insupportable et je crie !

Je ne supporte pas quand nous allons dans ma belle-famille : mon mari redevient un petit garçon avec sa mère et je n'ai plus aucune influence sur lui ! Ça m'énerve au plus haut point, mais je sens bien qu'il n'a pas envie que cela change. C'est à moi de m'adapter. Alors, je ronge mon frein quand nous sommes chez eux et j'essaie de ne pas trop faire payer mon mari quand nous rentrons à la maison !

Flash-back. Vous baignez tous les deux dans l'euphorie béante de la fusion amoureuse. Avec grâce et élégance, vous acceptez les petits retards, les petites contrariétés ; vous fondez, attendri(e), face à ces charmantes maladresses. Vous l'écoutez, avec une attention soutenue, dans ses questionnements métaphysiques sur les liens complexes qui le relient à sa mère, à son père, à son ex.

Les mois, les années passent. Ses petits retards vous font progressivement sortir de vos gongs ; vous vous braquez à la moindre contrariété, vous « montez dans les tours » quand, pour la énième fois, il renverse son verre de Coca sur le tapis et vous l'interrompez abruptement dès qu'il parle de sa mère qui, « de toute façon, est une grande malade manipulatrice ». En clair, vous perdez patience.

La patience. Du latin, *patior*, « je supporte ». Tout un programme ! Mais attention : il est facile de se tromper sur le sens exact de la patience. Ce n'est, en aucune façon, le fait de tout refouler en soi, ou de trop prendre sur soi en serrant les dents, en s'écrasant ou en se niant. Nous ne parlons pas de souffrir en silence, en se laissant gentiment abuser. Non, nous ne sommes pas là dans le champ de la patience, mais plutôt dans celui du déni de ce que l'on est et de ce que l'on ressent. On bascule là dans le sacrifice et l'abandon de ses désirs et de ses besoins. Ce n'est pas le territoire de la relation d'amour : c'est celui de la négation de soi. Que serait alors la « vraie » patience, celle qui est présentée ici comme une qualité, au même rang que la générosité ?

Quand, en conscience, sans vous faire violence et sans étouffer en vous vos émotions, vous estimez qu'il est préférable de différer, pour un temps, un désir ou un besoin car son expression nuirait à ce qui se passe dans la relation, vous faites preuve de patience. Quand vous acceptez de vous montrer flexible, de lâcher du lest, au cours d'une dispute par exemple, quand vous laissez votre partenaire s'exprimer alors que vous estimez qu'il (elle) fait fausse route et que vous avez envie de l'interrompre pour lui donner votre point de vue, vous faites preuve de patience. Quand vous mettez en œuvre votre capacité à surseoir, à différer, à mettre temporairement en silence ce que vous pensez ou désirez parce que vous savez qu'en agissant ainsi, vous allez dans le sens de votre relation, vous faites preuve de patience. Vous allez dans le sens de la pacification et de la compréhension. Vous comprenez aussi qu'il y a de l'intelligence dans la patience, quand elle est bien comprise. L'exercice de la patience au sein de la relation révèle que vous avez conscience de ses enjeux : par la patience, telle que nous l'avons définie, vous signifiez à votre partenaire que vous voulez préserver cette relation et que vous vous donnez les moyens d'y parvenir. Par là même, vous lui signifiez la valeur qu'elle a à vos yeux. Ainsi, dans la patience bien assumée, vous savez pourquoi vous vous astreignez à un tel effort. Vous vous référez au nord de votre boussole intérieure qui met la priorité sur votre relation, sans pour autant vous renier.

Mais ce n'est pas tout : lisez cette prière que les membres des Alcooliques Anonymes récitent à la fin de chaque meeting : « Donnez-moi la force d'accepter ce que je ne peux changer, le courage de changer ce que je peux changer et la sagesse de faire la différence entre les deux. » Oui : la sagesse. Il existe, dans la patience, une dimension de sagesse qui préconise d'adopter une vision plus large de la situation. Elle vous invite à aller plus loin, au-delà d'une perception à court terme où vous réagiriez uniquement dans l'instant, sans recul, sans réflexion, sur un mode uniquement émotionnel. Dans le couple, la sagesse de la patience fait toucher du doigt les bénéfices, sur le long terme, du fait d'attendre, d'accepter, de différer. Car, en attendant, en acceptant, en différant, vous prenez du recul, de la hauteur, de la distance. Vous vous décollez du guidon pour regarder plus attentivement le paysage. De là, vous arrivez peut-être à mieux comprendre la situation. Bonus supplémentaire : quand votre partenaire réalise que, de votre plein gré, en signe de bonne volonté et d'ouverture à son égard, vous mettez en œuvre la patience dans vos échanges, il (elle) crédite massivement en lui (elle) votre compte bancaire émotionnel.

Accepter que l'autre soit autre

Regardons les définitions que nous donne le dictionnaire du mot « patience » : en 1176, c'était le « fait de supporter avec douceur les défauts d'autrui », ou encore, en 1256, on la définissait comme la « persévérance à faire quelque chose malgré les obstacles » et enfin, en 1549, c'était la « tranquillité avec laquelle on attend ce qui tarde à venir ou à se faire ». Rien de négatif dans tout cela !

L'exercice de la patience est en lien direct avec la reconnaissance et l'acceptation du réel. Qu'est-ce qui fait que nous nous montrons impatient dans telle ou telle situation ? C'est, très souvent, parce que nous n'acceptons pas la situation telle qu'elle est : nous sommes impatient – et donc irrité ou en colère – car les choses ne sont pas comme nous voudrions qu'elles soient. Une autre façon de pratiquer la patience serait donc d'accepter de renoncer à ce qu'on voudrait qu'il se passe pour se rendre disponible à ce qui est réellement là, dans l'instant, au-delà de ce qu'on souhaiterait (soit parce qu'on ne peut pas changer la situation, soit parce qu'il nous faut attendre, avant d'obtenir ce que nous voulons). Voyons quelques exemples pour mieux cerner ce dont il s'agit.

> Je voudrais que ma compagne se pose tranquillement à table quand nous avons des invités, mais, pour elle, le fait d'être *speed* en courant sans arrêt de la cuisine au salon est sa façon d'être une bonne maîtresse de maison, aux petits soins pour nos amis. Je voudrais qu'elle se comporte autrement parce que cette attitude m'énerve, mais c'est juste « elle » ! C'est dans le *package* de la personne que j'aime, et je dois accepter qu'elle soit comme ça car je sais bien qu'elle ne va jamais changer !

> Mon mari rentre très tard du travail trois jours par semaine. Je sais qu'il aime que nous dînions ensemble mais je meurs de faim dès dix-neuf heures. Au début, ça me rendait hystérique et je mettais la pression pour qu'il rentre plus tôt. Peine perdue. Ça se terminait toujours par une dispute. Maintenant, je dîne légèrement en début de soirée et j'accepte la situation comme elle est : je l'attends patiemment, en faisant des choses qui me plaisent. Je grignote avec lui à son retour et finalement, nous y trouvons notre compte tous les deux !

Dans *Ces femmes qui aiment trop*, Robin Norwood écrit : « Le besoin de réussir à changer l'autre est un des éléments les plus destructeurs de la relation[1]. » Il a certainement raison. En effet, sans nous en rendre

1. Norwood R., *Ces femmes qui aiment trop*, J'ai lu, 1986.

compte, nous sommes parfois de véritables tyrans qui s'ignorent ! Nous voulons que notre partenaire change dans tel ou tel aspect de sa vie ou de son comportement et nous prétendons savoir comment il doit procéder ! Si nous n'y prenons pas garde, le piège du « il faut que, tu n'as qu'à » se déploie, niant complètement à notre conjoint la capacité à décider comment, et dans quelle mesure, il (elle) peut changer ! Nos solutions doivent être ses solutions et nous nous impatientons s'il n'abonde pas dans notre sens. Pire encore : s'il se risque à prendre des initiatives que nous n'approuvons pas – et qu'il échoue –, la tentation est forte de lui asséner une remarque assassine du genre : « Je te l'avais bien dit, mais tu ne m'écoutes jamais. » Rien de tel pour que l'autre perde la face et s'enlise dans une honte de lui-même où il se méprise tout autant qu'il nous en veut. Voilà un nouveau retrait sur votre compte émotionnel !

Ainsi, quand vous vous surprenez à culpabiliser, plus ou moins consciemment, votre partenaire, en estimant que vous avez raison d'agir ainsi « pour le secouer », vous faites preuve d'impatience ; vous refusez que votre partenaire soit ce qu'il est. Vous niez ses efforts qui sont parfois réels, mais qui ne correspondent pas à ce que vous attendez et, finalement, il risque de se décourager. Face à l'apparente résistance de votre partenaire à changer et sans nier les aspects de sa personnalité qui vous sont insupportables et qui appellent de réels changements, il ne faut pas oublier que, dans certains cas, ces comportements dont vous vous plaignez sont d'authentiques protections psychiques dont il peut lui être très difficile de se départir. Il ne s'agit pas d'une résistance passive à votre désir de changement, mais bien de la préservation d'attitudes ou de comportements qui ont pour fonction de le (la) protéger. Protéger de quoi ? De ses fantômes intérieurs, de ses angoisses dont les racines s'enfoncent dans son histoire passée et qui n'ont rien à voir avec vous. Si, par exemple, vous trouvez que votre compagnon est avare et trop près de ses sous et que vous le harcelez pour qu'il change, en l'invitant à « se lâcher » dans des achats car vous les estimez être des sources de plaisir, il pourra souscrire pendant un temps à votre désir de le faire changer dans son rapport à l'argent. Mais ce qu'il ne vous dit pas, c'est que tout cela l'angoisse au plus haut point : pour lui, dépenser de l'argent pour des « futilités » est un stress énorme qui fait remonter en lui des peurs de manque qui lui rappellent, par exemple, la réalité économique extrêmement précaire de son enfance. Ainsi, si, de votre point de vue, il a des comportements mesquins et « petits » ; du sien, il ne se voit pas pingre, il se perçoit juste économe et raisonnable, soucieux d'épargner le plus petit centime en prévision d'un éventuel coup dur. C'est, pour lui, synonyme de sécurité. Si vous ne prenez pas son histoire en compte, votre volonté de changement va majorer son mal-être et générer un sentiment d'insécurité ! C'est ce que souligne très justement Patricia Delahaie :

> « On oublie que certaines composantes importantes de la personnalité du conjoint (avarice, maniaquerie, désordre, ou toute forme de compulsion) peuvent être des mécanismes de défense, mis en place pour apaiser des tensions psychiques. Or les reproches du (ou de la) partenaire sur ces mêmes mécanismes aggravent encore plus ces tensions qui s'accentuent d'autant plus. Pour tenter de faire plaisir, le (la) partenaire va essayer de changer son comportement mais les tensions psychiques demeurent et la tension monte, monte et finit par exploser, soit ouvertement, soit le comportement semble apaisé mais il existe encore plus en coulisses [1]. »

1. Delahaie P., *op. cit.*

Reconnaître le réel, c'est donc aussi accueillir la réalité de ce qu'est votre partenaire, dans ses zones d'ombre et de lumière. Cela revient à dire que la patience que vous acceptez de déployer dans votre relation se fonde sur la connaissance intime de l'autre et sur le respect de ses limites. Quand vous adoptez cet état d'esprit de tolérance vis-à-vis des failles de votre conjoint, vous avez une vision un peu plus juste de ce qu'il (elle) est capable d'accomplir, sans pour autant renoncer à ce qu'il (elle) s'améliore, mais en étant lucide que, sur certains aspects, il (elle) lui est peut-être totalement impossible d'évoluer. Au mieux, dans les bons jours, cela pourrait même vous mener à concevoir une certaine tendresse face à ces défauts que vous avez accepté d'intégrer dans votre paysage relationnel, même s'ils continuent à vous énerver.

> Je vois bien qu'il ne sait pas m'écouter comme je voudrais, mais c'est un ours, et on ne change pas les ours ! Je sais depuis toujours qu'il est comme ça : soit je suis malheureuse de cet état de fait, soit je l'accepte comme il est et je suis heureuse de ce que je vis avec lui.

Cette acceptation de l'autre relève bien de la patience, mais on ne va pas se tromper non plus, elle se fonde, en grande partie, sur des comptes émotionnels amplement pourvus. Si tel n'est pas le cas, il n'y a rapidement plus assez de « carburant » pour nourrir la relation de façon satisfaisante car, reconnaissons-le : cette acceptation de certains aspects un peu irritants de l'autre constitue de minimes – mais de constants – retraits sur le compte émotionnel qu'il détient en vous. S'il tire sans rien mettre en retour, son compte risque d'imperceptiblement virer au rouge ! Il est donc indispensable que votre travail d'amour d'acceptation des failles de votre partenaire soit contrebalancé, par lui (elle), par des attitudes d'amour, à votre égard, qui créditent régulièrement son compte. L'équilibre est donc fragile et il demande à être constamment entretenu.

Un dernier point avant d'aller plus loin. Personne ne vous demande de faire preuve de sainteté en acceptant tout et en gardant le sourire contre vents et marées ! Non ! Mille fois non ! La pratique de la patience est un bon moyen de tester nos limites, mais c'est également un bon moyen de les découvrir et, de là, d'apprendre à les respecter. Si vous allez au-delà de ce qui est tolérable ou acceptable pour vous, sous prétexte de faire preuve de patience, et si, dans la foulée, vous ne prenez pas assez soin de vous, ou vous négligez vos propres désirs, ou vous vous rendez compte que vous vous êtes trop éloigné de vous-même dans votre effort d'acceptation de l'autre, vous n'êtes plus dans la « vraie » patience dont nous venons de parler. Comme la petite sœur cadette frustrée de la patience est la colère et que cette dernière est le carburant de toute dispute conjugale, il est urgent de faire le point avec vous-même et de réévaluer la pertinence de vos actes. Cette réévaluation passe par la prise en compte de vos besoins et le respect – par vous-même – de votre propre territoire ; nous aborderons tout cela plus tard.

Il y a aussi le cas de figure où, après un certain temps, vous réalisez que l'autre abuse clairement de votre bonne volonté, sans la valider en retour ou sans vous manifester de la gratitude. Je vais reprendre ici le même discours que précédemment : même si une partie du chemin de restauration du lien d'amour doit être parcourue par vous en solitaire pendant quelque temps, il faut être deux pour le nourrir. Si un combattant manque au bataillon, on peut se poser la question de l'opportunité de poursuivre tout effort.

Accepter de lâcher prise

> Imaginez la scène : vous et votre partenaire êtes en train de vous disputer, il (elle) gagne de plus en plus de terrain dans son argumentation, vous perdez progressivement pied. Peu à peu, la situation s'inverse et c'est lui (elle) qui commence à s'enfoncer : trop content(e), vous redoublez vos assauts. Il (elle) veut avoir raison, et vous aussi. C'est le bras de fer. C'est à celui qui va remporter le morceau. Qui va céder le premier ?

Oui : qui va accepter de « lâcher prise » sans se sentir « lâche », ni mis en échec ni battu ? Le « vainqueur » va-t-il avoir la grandeur d'âme, ou simplement l'intelligence, de permettre à l'autre de ne pas perdre la face, ou va-t-il, au contraire, jouir de sa déconfiture ? Quand les ego s'affrontent et se défient, quand l'animosité, ou même la franche hostilité, prennent le dessus, on entre, l'un et l'autre, dans les territoires arides de la tolérance zéro, de la patience zéro, de la générosité zéro. C'est autant de gouttes d'acide sur le fragile lien d'amour. Mais il est difficile de se le rappeler quand on est dans le feu de l'action. On a beaucoup de mal à ne pas envenimer le conflit. Et pourtant, comme cela ferait du bien d'arrêter de se déchirer ; comme ce serait reposant de déposer les armes, en renonçant à répondre à l'agression par l'agression ; quelle victoire intérieure que de faire taire en soi ce pernicieux plaisir à voir l'autre s'effriter sous ses yeux.

Lâcher prise, c'est prendre la difficile décision de ne pas choisir la haine et s'y tenir, en dépit des assauts qui continuent à s'acharner sur soi. Là encore, il ne s'agit pas de tendre l'autre joue quand votre conjoint vous agresse ; c'est avoir une vision plus large de la situation présente et de mesurer, au plus fort du combat, qu'il est plus sage de ne pas aggraver les choses, tant pour vous que pour votre partenaire. S'abandonner à l'émotion de l'instant est effectivement très tentant et ce n'est pas une catastrophe si vous vous laissez emporter de temps à autre. Rappelez-vous qu'il est difficile d'apprendre à nager dans la tourmente. Néanmoins, c'est tout autre chose quand le lâcher prise n'est jamais une option, ni pour vous ni pour votre conjoint, et que le refus de lâcher prise est un mode privilégié de communication au sein de votre couple. Là, il y a un sérieux problème.

La difficulté à « lâcher le morceau » est révélatrice des rapports de pouvoir qui existent dans une relation. Il faut cesser d'être naïf et reconnaître qu'il y a toujours – et inévitablement – des rapports de pouvoir au sein du couple. C'est inhérent à toute relation humaine et c'est également la règle chez tous les animaux vivant en groupes organisés. Le pouvoir n'est pas, en soi, un problème dans le couple ; c'est sa gestion et l'utilisation que chacun en fait qui peut donner lieu à des difficultés.

La compétition dans le couple

Revenons à ce que nous avons déjà abordé plus haut : l'idée que nos scénarios du passé se réactivent inconsciemment dans la relation d'amour que nous créons dans le présent. Les rapports de compétition dans le couple nous en donnent une belle illustration. Commençons par quelques exemples.

– Vous avez appris à être en compétition avec vos frères et sœurs parce que l'amour ou l'affection d'un de vos parents était dispensé avec une grande parcimonie et qu'il fallait se battre pour l'obtenir.

– Vous êtes l'aîné(e) de votre fratrie, habitué(e) à être celui (celle) qui a le pouvoir ; aujourd'hui, vous avez épousé une personne qui était également l'aînée dans sa fratrie. Sans vous en rendre compte, vous êtes en compétition et il se joue, entre vous, une inconsciente lutte de pouvoir où chacun revendique le statut de « dominant » dans le couple.

– Si, avec vos frères et sœurs, vous avez appris que, pour exister et avoir une place dans la famille, il fallait se mettre en position d'être le meilleur ; de là, vous pouvez inconsciemment entrer dans un rapport de compétition (teinté de jalousie) avec votre conjoint qui se trouve, pour une raison ou pour une autre, avoir un avantage sur vous : un pouvoir économique supérieur au vôtre, un statut social ou professionnel privilégié, etc. Une partie de vous peut se sentir spoliée et vous pouvez vous retrouver à tout mettre en œuvre pour reprendre du terrain sur lui (elle).

Voilà les faits. Il reste maintenant à voir dans quelle arène vous vous battez. Car, vous n'êtes plus dans la jungle de votre famille d'origine, vous êtes avec votre conjoint ! Si vous regardez votre situation actuelle, vous allez prendre conscience d'une évidence : la personne que vous essayez parfois de dominer, avec hargne et pugnacité, n'est rien d'autre que celle qui contribue à donner du sens à votre existence ! Comme l'immense majorité des personnes en conflit avec leur conjoint, vous êtes en train d'oublier que cette personne avec laquelle vous vous sentez si âprement en compétition est *votre partenaire*. C'est une personne que vous aimez et qui vous aime, même si cet amour est aujourd'hui un peu fragile : ce n'est pas votre père, ni votre mère, ni votre frère, ni votre sœur ! C'est la personne avec laquelle vous avez, un jour, espéré construire votre vie ! Elle n'est pas votre ennemie ; elle ne cherche pas, à tout prix, votre malheur ! Si vous avez conscience de tout cela, mais que vous ne parvenez pas malgré tout à vous détacher par vous-même de ces réactivations encombrantes de votre passé, il est nécessaire que vous vous fassiez aider psychologiquement par une aide professionnelle. N'attendez pas car une telle situation peut rarement évoluer favorablement de façon spontanée.

Quoi qu'il en soit, que cet état d'esprit de compétition ait, ou non, un lien avec votre passé, vous devez donc – tous les deux – lui trouver une alternative. Dans ce cas, vous ne pouvez pas être seul(e) à fournir cet effort. Ce doit être un engagement mutuel visant à trouver un moyen de ne pas entrer systématiquement dans le rapport de force. Cette attitude d'esprit consiste à privilégier la collaboration plutôt que la compétition. Elle requiert de penser au-delà de l'instant présent, en ne vous limitant pas au court terme, et en comprenant que si vous cherchez à « gagner » tout le temps, vous condamnez inévitablement votre partenaire à « perdre » tout le temps ! Or j'ai rarement rencontré des gens qui s'épanouissaient dans l'échec et la défaite chronique. Ne perdez pas de vue que le fait de laisser, de temps à autre, un peu de place à l'ego de l'autre peut être une position psychologiquement acceptable, dans la mesure où vous estimez que cela lui est nécessaire et que ce n'est pas fondamentalement préjudiciable pour vous. La réciproque devrait être vraie en ce qui concerne votre partenaire, mais vous n'avez aucun contrôle là-dessus !

Vous ne pourrez pas accepter de lâcher prise, face à votre conjoint, si vous ne comprenez pas le bien-fondé de cette démarche. Si elle vous échappe, vous continuerez à partir bille en tête et rien ne pourra vous arrêter. Steven Covey développe le concept de « penser gagnant-gagnant[1] ». Il en parle dans le contexte de l'entreprise mais cela peut tout aussi bien se décliner dans le couple. L'idée – simple – est que, dans tout processus de prise de décision et, plus globalement, dans toute interaction ou conflit interpersonnel, on est soit gagnant, soit perdant. Appliqué au couple, cela

1. Covey S., *op. cit.*

revient à dire que les deux partenaires peuvent se retrouver gagnants ou perdants, entrant ainsi dans une des quatre catégories suivantes.

Je perds, tu gagnes

« Lâcher prise » est une composante essentielle de la relation mais cela ne veut pas dire pour autant qu'il faille « s'écraser », ou arrondir systématiquement les angles, au point de toujours se retrouver dans la position du « perdant ». Cela a parfois pour objectif de conserver sa tranquillité, en esquivant tout ce qui pourrait être conflictuel ; mais tout accepter et renoncer à faire valoir ses opinions ou ses convictions relève surtout d'un manque d'estime de soi. On peut essayer de se dire le contraire en estimant avoir le beau rôle du « grand seigneur indulgent » ou en se pensant extrêmement altruiste, par le fait de toujours faire passer l'autre en priorité ; mais on fait fausse route. Quand on se positionne comme perdant pour faire gagner l'autre, cela induit un déséquilibre qui conduit presque toujours au sacrifice de soi. La personne « perdante » étouffe en elle de nombreux sentiments et émotions et ces dernières finissent toujours par ressortir d'une façon ou d'une autre : sous la forme d'une dépression, d'une irritabilité de fond ou encore d'une hypersensibilité à la moindre frustration.

Je gagne, tu perds

Ceci est la conséquence la plus fréquente de cette problématique d'enfant où les membres de la fratrie étaient mis en compétition pour obtenir l'amour de leurs parents. On apprend à jouer d'autorité pour parvenir à ses fins. Cette attitude est clairement à l'opposé d'une dynamique de collaboration dans le couple.

Comment s'y prend-on pour gagner en faisant perdre son conjoint ? Rien de plus simple ! Il suffit, par exemple, de lui faire perdre la face en le contraignant à reconnaître, devant les enfants, qu'il commet une erreur de jugement – induisant ainsi qu'il n'est pas très fiable dans ses décisions. Il est aussi possible de reproduire le schéma de compétition dans la fratrie d'autrefois en faisant tout, une fois adulte et parent à son tour, pour s'attirer les faveurs de ses propres enfants, au détriment de l'autre parent. Cela paraît absurde mais ce sont des situations qui existent. On peut également induire la honte chez lui (elle) en pointant, sur le ton de la plaisanterie, un de ses défauts, lors d'une soirée entre amis, etc.

Tout cela reste, somme toute, assez grossier ; car il existe des façons d'exercer un pouvoir sur son conjoint qui sont beaucoup plus subtiles : la « psychologisation » du partenaire en est un bel exemple. De quoi s'agit-il ? C'est une dérive de la vulgarisation et de la banalisation du discours psy. Là, le pouvoir est issu d'une supposée connaissance des tréfonds de l'inconscient du (de la) partenaire (savoir que l'on tire souvent de son propre travail psychothérapeutique) : on analyse et décrypte ses paroles et attitudes avec l'aplomb d'un thérapeute omniscient qui ne tolère pas qu'on remette en question de bien-fondé de ses interprétations ! On induit pernicieusement qu'on en sait plus sur lui (elle) que lui-même ou elle-même. L'intention initiale est peut-être bonne : « Mais enfin, c'est pour t'aider à avancer ! Il est indispensable que tu comprennes que ton comportement provient de l'attitude de ta mère quand tu avais six ans et que... », il n'empêche que cette intrusion – non sollicitée – est d'une violence inouïe. Le conjoint se sent sous emprise psychique et pris au piège d'un compagnon ou d'une compagne qui est convaincu(e) d'avoir raison. Face à un tel discours, il (elle) n'a pas d'autre possibilité que de « perdre » !

Comme le souligne Steven Covey, les schémas de comportement « je gagne, tu perds » et « je perds, tu gagnes » ne sont pas des rôles immuables ; ils peuvent alterner au sein du couple. Par exemple, si j'ai l'habitude de perdre, en te laissant tout le temps gagner (situation 1), je peux, de temps à autre, me rebiffer et tout faire pour gagner – et donc te faire perdre (situation 2). Cela peut fonctionner pendant un certain temps, mais comme tu réagis avec force pour gagner à nouveau – ou comme je me sens trop coupable de vouloir gagner ! –, les rôles s'inversent à nouveau... et je te relaisse gagner ! Ce petit manège peut durer indéfiniment.

Je perds, tu perds

On retrouve cette situation dans *Astérix et Cléopâtre* : le capitaine des pirates se voit attaqué par Astérix et Obélix. Pour les priver du plaisir de faire couler son bateau, il le détruit lui-même à la hache, avant qu'ils puissent se lancer à l'abordage ! Ainsi, « je perds, tu perds » mène à des situations aberrantes où, pour faire perdre l'autre, on est prêt à se sacrifier soi-même ! C'est une opération de sabotage de la relation où, obstiné, on est prêt à se saboter soi-même pour empêcher l'autre de gagner. Là prévaut la vengeance, « œil pour œil, dent pour dent » : « Je suis malheureux(se) et je souhaite que tu le sois aussi parce que, quand personne ne gagne, c'est moins douloureux d'être perdant ! » Il va sans dire que, si c'est le climat général du couple, la relation est dans un bien triste état et on pourrait même se demander quel intérêt il y a à la poursuivre.

Je gagne, tu gagnes

À bien y regarder, seule la proposition « je gagne, tu gagnes » paraît viable dans une relation où l'on veut restaurer le lien d'amour. Ce positionnement permet à l'un et à l'autre de faire preuve d'empathie et de soutien mutuel en se garantissant suffisamment de sécurité pour « lâcher prise » et ne pas se rigidifier pour défendre, coûte que coûte, ses besoins et son territoire. S'il y a problème, la conscience de la nécessité du travail d'amour aide à rechercher une solution qui respecte et fait gagner les deux partenaires : le succès (ou la satisfaction des besoins) de l'un ne se fait pas aux dépens de la défaite (ou de l'abandon des besoins) de l'autre. Cela implique, évidemment, que se restaurent, en parallèle, une attention réciproque et une confiance dans le fait de concevoir les choses en termes de « nous » dans le couple (à l'inverse du « moi, je » qui tente, coûte que coûte, de défendre son seul bout de gras). La compétition devient alors moins nécessaire ou même complètement inutile.

Le désir de fonctionner sur le mode « gagnant-gagnant » conduit aussi à accepter de se laisser influencer par l'autre. Cette attitude d'esprit est un autre versant du mouvement intérieur de « lâcher prise ». Incidemment, c'est la composante du travail d'amour qui, semble-t-il, pose le plus de problème pour les hommes ! C'est ce que souligne John Gottman :

> « Les hommes qui permettent à leur femme de les influencer sont plus heureux en ménage et ont moins de risques de divorcer que ceux qui résistent à son influence. Statistiquement, lorsqu'un homme n'accepte pas de partager le pouvoir avec sa partenaire, il y a 81 % de chances que son couple s'autodétruise [...]
> En revanche, les femmes laissent leurs compagnons influencer leurs décisions, en tenant compte de leurs opinions et de leurs sentiments. Hélas, les hommes ne leur retournent pas toujours le compliment [1]. »

Le fait de se laisser influencer par son (sa) partenaire désamorce très souvent les conflits. On ne cherche plus à « passer en force » en négligeant les

1. Gottman J. M. et Silver N., *Les couples heureux ont leurs secrets*, J.-C. Lattès, 2008.

besoins ou les opinions de l'autre, et c'est autant d'intelligence et de flexibilité qu'on introduit dans la relation pour qu'elle devienne plus légère et plus fluide.

Il existe enfin une dernière variante à ces quatre schémas : c'est celui qui consiste à gagner tout seul. Là, il n'y a pas de compétition et aucun désir particulier que l'autre perde. C'est, selon Covey, le mode de pensée le plus fréquent, mais, dans ce cas, seul l'intérêt de soi prévaut. Cela n'est pas négatif en soi car il est essentiel de prendre soin de ses propres besoins et désirs au sein de la relation ; mais si ce fonctionnement est un mode d'être privilégié d'un des partenaires, l'autre aura toutes les raisons de se sentir seul et abandonné !

11

Entre confrontation et vigilance

Votre belle-mère se montre très distante avec vous, à la limite de l'insolence quand elle vous fait des remarques sur l'éducation de ses petits-enfants. Votre mari est présent ; il entend tout et ne réagit pas. Grand moment de solitude.

Votre compagne vous traîne de force au parc pour la promenade dominicale avec votre bébé ; vous lui avez déjà dit que cela vous donne le bourdon mais elle n'en tient pas compte.

Il est dix-huit heures. Vous êtes épuisée de votre journée de travail et vous devez vous occuper des enfants. Votre mari rentre à la maison, deux heures plus tard, frais comme une rose après sa séance de musculation.

La frustration et l'irritation montent. Un insidieux petit vélo s'enclenche dans votre esprit. Le choix est simple : soit vous ravalez votre colère en vous détestant vous-même de ne pas savoir vous affirmer face à votre conjoint, soit vous faites le difficile choix de ce qui est le seul moyen de sortir sainement de cette situation : celui de la confrontation. Attendez. Cela n'est-il pas antinomique avec la restauration du lien d'amour ? Eh bien, non. Tous les psychothérapeutes vous diront que la confrontation – c'est-à-dire les disputes ou les conversations un peu « chaudes » avec votre conjoint ! – font partie d'une relation harmonieuse. On peut même aller jusqu'à affirmer qu'une relation sans conflit est suspecte car il est impossible qu'une relation humaine – et encore moins de couple – ne rencontre aucune difficulté, au point de ne pas avoir besoin de se mettre autour d'une table pour en parler. Se disputer est une soupape indispensable pour métaboliser les inévitables « frottements » relationnels. Cela aide à mettre au grand jour les problèmes, les malentendus, les frustrations et permet de faire la part entre les irritations transitoires, sans grande importance et les problèmes de fond. Il est d'ailleurs impossible que deux êtres humains vivant ensemble ne se frottent pas sur un certain nombre d'enjeux inhérents à la relation, comme la place du sexe, de l'argent, de la belle-famille, des amis, de la spiritualité ; on s'attrape également quand un stress non relié à la relation la déborde, ou quand une transition de vie (chômage, deuil, retraite, naissance ou départ d'un enfant) entraîne des difficultés d'ajustement.

Oser le conflit

Le problème, que nous avons déjà soulevé, est que nous n'osons pas la confrontation ! Cette idée suscite en nous de la peur : la peur de perdre son amour, d'être rejeté, de lui faire du mal, la peur de recevoir des critiques en retour, etc. Nous confronter à notre conjoint suppose donc que nous décidions d'aller au-delà de ces peurs pour nous engager résolument dans une interaction que nous savons être source de tension. C'est la définition du courage : accomplir une action constructive en dépit de la peur. Oui : choisir la confrontation demande du courage. Mais où trouver ce courage ? Où trouver la force d'agir en dépit de la peur ? Un élément essentiel doit alors entrer en ligne de compte et il se nomme la motivation. Tout acte, quel qu'il soit, porte la coloration de la motivation qui le sous-tend. En d'autres termes, la portée de l'acte que vous posez – c'est-à-dire : la décision de vous confronter à votre conjoint – est, en amont de la confrontation elle-même, déterminée par ce qui habite votre cœur avant de commencer à lui parler.

Vous avez tout à gagner à prendre le temps de regarder avec soin la raison qui vous conduit à vous confronter à votre conjoint dans une situation donnée : quelle est la motivation qui me pousse à cette confrontation ? Qu'est-ce que j'en attends ? Qu'est-ce que j'ai envie d'exprimer ? Qu'est-ce que j'ai envie qu'il (elle) comprenne ? Est-ce que mon cœur déborde d'une rage destructrice et je n'ai qu'une envie : mordre, ou est-ce que je veux lui signifier ma frustration pour qu'il l'entende véritablement et qu'il change son attitude ? Est-ce que je ne cherche que des noises, avec l'envie d'en découdre, ou suis-je dans une disposition d'esprit d'ouverture et de dialogue constructif ? Ces questions peuvent vous aider à clarifier votre motivation à monter au créneau. Vous voyez immédiatement que cela suppose un certain entraînement avant que ce recul intérieur s'installe et devienne spontané. Parfois on y arrive, parfois on se laisse emporter par la vague déferlante de la colère. C'est ainsi. On comprend alors toute la sagesse de cette expression populaire qui conseille de « tourner sa langue sept fois dans sa bouche avant de parler » : cela donne du temps pour penser, au lieu de jeter immédiatement son venin pour se soulager.

Un autre paramètre permet également de pondérer la violence de la confrontation. Cela consiste à se demander en quoi on a personnellement contribué, de façon active ou passive, à la situation source de conflit.

La question n'est même pas de nous demander « si » nous y avons contribué mais « comment » et « en quoi » – car la réponse est évidente : nous contribuons toujours aux situations conflictuelles dans lesquelles nous sommes directement impliqués ! Cette réflexion nécessite une (rare) honnêteté de part et d'autre et, là encore, il faut bien reconnaître que cette lucidité et cette capacité à s'excentrer de la situation sont très difficiles à mettre en œuvre, surtout quand on se trouve happé dans une ambiance très chargée émotionnellement. Il n'en reste pas moins vrai que ce type de questionnement aide considérablement à la résolution des conflits. Cette honnêteté est un signe de bonne volonté auquel votre partenaire peut être sensible, en l'invitant à adopter une même disposition d'esprit. Elle a le mérite de lui permettre de baisser la garde et d'être un peu plus attentif à ce que vous lui dites, maintenant qu'il n'a plus à se barricader pour se protéger de vos attaques. Cette courageuse attitude ouvre indéniablement au dialogue, à la franchise, à la négociation et à la recherche de compromis.

C'est d'ailleurs un axe d'action dans les thérapies de couple : le thérapeute joue le rôle d'un tiers extérieur qui aide les conjoints à définir le champ de leurs responsabilités respectives dans l'émergence des conflits qui les déchirent. Incidemment, c'est une position délicate pour le thérapeute car, à tout moment, les conjoints, refusant farouchement d'accepter l'idée qu'ils contribuent tous deux au problème, forment une coalition inconsciente contre le psy qui les confronte trop directement ! Il devient leur bouc émissaire ! Les deux conjoints en concluent que ce dernier est trop nul ; ils claquent la porte de son cabinet, secrètement soulagés de ne pas avoir à se remettre en question et continuent allègrement à se renvoyer la responsabilité de leur souffrance conjugale ! Voilà un bel exemple de ce que nous avons appelé plus haut la résistance au changement.

Compromis et compromission

Oser la confrontation est une démarche qui tend, a priori, vers la résolution des difficultés au sein du couple ; c'est une façon – parmi d'autres – de trouver des solutions. Néanmoins, il est important de bien faire la part entre le compromis et la compromission.

Le compromis est un accord qui se veut pragmatique et qui est au service de la relation. Il est le résultat d'ajustements et de concessions réciproques qui tentent de respecter au maximum les positions de chacun. Il se nourrit de bonne volonté et de la conscience que l'autre est « autre », avec ses besoins et ses exigences propres. Il prône la recherche d'une situation « gagnant-gagnant », mais il peut aussi être une de ces rares situations où on accepte le « je perds, tu gagnes » car on sait que cette flexibilité sert favorablement la relation et que donc, on a tout à y gagner. Néanmoins, dans le compromis, on ne lâche pas sa position sous la pression de l'autre : on ne s'abandonne pas soi-même ; on reste vigilant pour faire entendre et respecter son point de vue.

La compromission est tout l'inverse : c'est l'exemple typique du « je perds, tu gagnes » dans sa version toxique, celle où l'un cède sous la pression de l'autre et renonce à ce à quoi il tenait. Il y a un incontestable rapport de pouvoir dans la compromission ; il réduit l'un des deux à l'impuissance et, à terme, il conduit directement à la solitude-isolement.

La face cachée du conflit

Mais pourquoi finalement nous mettons-nous en colère ? Reprenons les situations du début de ce chapitre.

Votre belle-mère se montre très distante avec vous, à la limite de l'insolence quand elle vous fait des remarques sur l'éducation de ses petits-enfants. Votre mari est présent ; il entend tout et ne réagit pas. Grand moment de solitude.

Je me sens seule face au despotisme de ma belle-mère et j'ai besoin que mon mari me protège et qu'il prenne mon parti. J'ai besoin de savoir qu'il me soutient de façon inconditionnelle et que je peux compter sur lui. J'ai besoin de me sentir en sécurité dans mon couple. Frustrée, insécurisée, je souffre et réagis en me mettant en colère.

Votre compagne vous traîne de force au parc pour la promenade dominicale avec votre bébé ; vous lui avez déjà dit que cela vous donne le bourdon mais elle n'en tient pas compte.

Je suis déprimé et angoissé par ces promenades qui me donnent l'impression que ma vie s'engage dans un cul-de-sac. J'ai besoin de savoir que ma vie de couple ne suit pas des rails préétablis jusqu'à la fin de nos jours et qu'il reste de la place pour l'imprévu, la créativité, la liberté de dépasser les limites du connu et du prévisible. J'ai besoin de ne pas me sentir enfermé dans une routine qui me donne l'impression que tout est déjà joué. Frustré, insécurisé, je souffre et réagis en me mettant en colère.

Il est dix-huit heures. Vous êtes épuisée de votre journée de travail et vous devez vous occuper des enfants. Votre mari rentre à la maison, deux heures plus tard, frais comme une rose après sa séance de musculation.

Je suis fatiguée d'être toujours celle qui doit être au top pour assurer l'intendance de la maison. J'ai besoin de sentir que le fardeau domestique est également porté par mon compagnon. J'ai besoin de savoir que nous sommes ensemble pour assumer notre vie de famille car je m'angoisse à l'idée que le reste de mon existence ne soit englouti dans les tâches du quotidien. Je redoute de ne jamais pouvoir exprimer mon potentiel, mes désirs et aspirations profondes, parce que je n'ai pas de temps à y consacrer. Frustrée, insécurisée, je souffre et réagis en me mettant en colère.

La colère est en lien avec l'impatience et l'impatience est, elle-même, en lien avec la frustration. La frustration d'un besoin, d'une attente, d'un désir. Votre colère révèle vos besoins, vos attentes, vos désirs – et votre peur que ces derniers ne soient jamais satisfaits ! Elle vous montre là où vous êtes vulnérable, en souffrance, en manque. Ainsi, quand vous osez exprimer votre colère ou votre ressentiment, en filigrane, vous revendiquez le besoin d'être entendu et reconnu dans vos besoins, vos attentes, vos désirs ! Étouffer votre colère et ne pas oser la confrontation revient donc à vous interdire de signifier à votre partenaire ce dont vous avez besoin. Au nom de quoi feriez-vous cela ? Au nom de quoi refouler l'expression d'émotions aussi légitimes que le besoin de sécurité, de soutien ou de sens dans votre existence ?

Perçue ainsi, la confrontation devient soudain extrêmement sensée, saine et même indispensable ! Elle devient intelligente. Car cette prise de conscience vous permet d'être plus clair sur le message que vous souhaitez transmettre à votre partenaire : « Je ne t'agresse pas pour le plaisir, je t'interpelle sur un besoin ou un désir que j'estime ne pas être entendu ou compris par toi – s'il te plaît, entends-moi ! » Vous aurez alors plus à cœur d'expliquer la nature de votre besoin et comment vous aimeriez que l'autre le satisfasse que de l'incendier de façon stérile, sans pour autant qu'il sache pourquoi vous vous mettez dans un tel état ! Exprimer du mieux possible votre besoin plutôt que de vomir votre frustration est une attitude largement plus constructive, ne trouvez-vous pas ?

RESTER VIGILANT

Qu'est-ce que la vigilance a à voir avec le travail d'amour ? Tout, ou presque !

Depuis combien de temps n'avez-vous pas pris la peine de regarder vivre votre compagnon (compagne) ? Simplement le (la) regarder, sans rien juger. Juste regarder cette personne qui se trouve être votre conjoint, la voir bouger dans l'espace, respirer, exister, et ne pas aussitôt commenter ce qu'elle est ou ce qu'elle fait ? De même, prenez-vous le temps de vous regarder dans votre façon d'interagir avec lui (elle) ? Juste vous regarder là encore, sans vous juger, sentir ce qui se passe en vous quand il (elle) est à vos côtés. Pas si simple à faire, n'est-ce pas ? Et puis, pensez-vous peut-être, quel intérêt y a-t-il à ce genre d'exercice ?

Trop souvent, nous ne regardons plus notre conjoint car nous estimons qu'il n'y a plus grand-chose d'intéressant à regarder. Nous nous disons que nous le (la) connaissons par cœur et que nous en avons déjà fait le tour. Nous ne le voyons plus vivre, en tant que personne singulière, peut-être parce qu'elle partage le même lit que nous, qu'elle regarde les mêmes programmes télé que nous et qu'elle partage le même quotidien. À l'extrême, nous pourrions la confondre avec nous-même. Tout est prêt pour générer la solitude-isolement !

Pourquoi en est-il ainsi ? Ce n'est pas le poids du quotidien comme on le croit trop souvent, c'est le manque de vigilance ! Ce manque d'attention aux actes et à la personne même de notre partenaire finit par créer, en nous, un subtil et imperceptible décalage entre ce qu'il (elle) est véritablement et ce que nous croyons qu'il (elle) est. Nous en arrivons à ne voir que notre propre version de notre conjoint, une version très rapidement fade ou ennuyeuse car elle ne correspond plus à l'original. Et comme il est difficile de recycler son regard en le rendant à nouveau « neuf », frais et aiguisé vis-à-vis d'un conjoint qu'on s'est habitué à ne plus voir !

Vigilance et respect

La vigilance est en lien étroit avec le respect. Car « respect » vient du latin *respectare*, qui signifie « regarder deux fois » : regarder avec ses yeux et regarder avec son cœur, avec l'intelligence du cœur. Ainsi, quand on ne regarde plus l'autre, quand on cesse d'être vigilant à cette personne, on perd progressivement le respect qu'on a pour elle. On cesse de voir cette personne avec intelligence. C'est peut-être pour cela que nous nous comportons parfois, avec ceux que nous aimons, d'une façon odieuse, alors que nous ne nous permettrions pas de nous comporter ainsi avec des étrangers. Nous ne regardons plus cette personne, nous ne sommes plus vigilants vis-à-vis d'elle et, de là, nous ne la respectons plus !

Comment faire alors pour inverser ce processus intérieur qui nous rend aveugle à ce qui se passe sous notre nez ? La pratique de la vigilance est une invitation à vivre en portant notre attention sur ce qui est en train de se passer, là, dans l'instant, en soi et autour de soi, quel que soit l'endroit où l'on se trouve : dans son lit, dans le métro, en train de manger ou de faire du sport. Cette focalisation de l'esprit sur le moment présent est un aspect caractéristique de la philosophie bouddhiste et elle constitue un puissant moyen pour réellement habiter l'« ici et maintenant » et en percevoir la richesse. On retrouve l'importance de la vigilance dans une pratique du monastère zen du maître vietnamien Thich Nhat Hanh, appelé le Village des Pruniers, près de Bergerac : à intervalles réguliers au cours de la journée, un gong retentit. Dès qu'il résonne, les gens de ce monastère se doivent d'arrêter immédiatement ce qu'ils sont en train de faire (lire, écrire, faire la cuisine, travailler au jardin, etc.). Pendant une minute, chacun reste immobile, là où il est, en silence, en respirant « en pleine conscience » et en prêtant attention à ce qui se passe en lui et à l'extérieur de lui. Puis le gong retentit à nouveau et les gens reprennent leurs activités. Aussi étrange que cela paraisse, c'est un excellent exercice de la vigilance, invitant à la pleine conscience de l'instant présent.

Avez-vous vu *Le Voile des illusions* de John Curran avec Naomi Watts et Edward Norton ? Il raconte l'histoire d'un couple quittant l'Angleterre pour aller vivre en Asie du Sud-Est, dans une province reculée de Chine où sévit le choléra. Lui est médecin et se voue entièrement à sa tâche, avec d'autant plus d'ardeur que la relation avec sa femme est moribonde. Elle souffre de ce désert affectif (qu'elle a elle-même créé suite à une relation adultère). Isolée au milieu de nulle part, sa vie lui semble vide de sens. Elle décide alors de s'investir en tant que bénévole dans l'orphelinat du village. Il y a alors cette scène où, sans être vu, son mari la surprend en train de prendre soin des enfants avec une joie et un enthousiasme qu'il ne lui connaissait pas. À ce moment précis, on comprend qu'il est profondément touché et ému car il la voit pour ce qu'elle est : vive, joyeuse, pleine d'imagination et de fantaisie. Ce moment clé est le point de départ de la restauration de leur lien d'amour. Bien sûr, c'est un film romantique avec tous les ingrédients pour que cela fonctionne dans la tête du spectateur ; mais cette scène illustre combien un changement de contexte aide à porter un regard « frais » sur ceux qui nous entourent.

La vigilance au quotidien

Le piège serait de croire que vous ne pouvez voir la réalité de votre partenaire que dans un environnement de choléra à l'autre bout du monde et que seules des circonstances sortant de l'ordinaire (comme des vacances loin de tout) sont susceptibles de vous le révéler. Non ! Le soufflé risque de tomber sitôt franchie la porte de l'appartement ! Tout l'effort réside dans le fait de développer un regard neuf et décalé au sein même du quotidien. Ne vous attendez donc à rien d'extraordinaire. L'enjeu est de décider de maintenir en vous un niveau de vigilance par rapport à votre partenaire. Il ne faut donc pas fuir sans cesse ce quotidien, mais au contraire le vivre pleinement, grâce à une vigilance consciemment entretenue. Attachez-vous à l'ordinaire et laissez-vous toucher par ce qu'il vous montre : à travers les gestes et paroles anodines de votre conjoint, vous verrez se révéler, par petites touches discrètes et inconstantes, sa fragilité ou sa vulnérabilité ; vous décèlerez son désir d'être heureux, même si parfois il (elle) fait preuve d'un égoïsme forcené ; vous verrez aussi la tendresse qu'il (elle) exprime avec une désarmante maladresse ou encore son insatiable besoin d'affection. Il se peut même que vous le (la) voyiez plus drôle, plus subtil(e) ou plus profond(e) que vous ne l'imaginiez. Donnez-lui – donnez-vous – cette chance. Laissez-le (la) vous montrer son humanité et peut-être alors parviendrez-vous à appréhender cette personne pour ce qu'elle est vraiment et non pas à travers la version déformée que vous avez d'elle.

Tout comme dans la patience, il y a aussi de l'intelligence dans la vigilance. Par la vigilance au quotidien, vous vous rappelez que la relation que vous vivez avec cette personne ne va pas de soi. Elle vous demande de rester à l'affût, afin de ne pas perdre l'exigence de la garder vivante. À ce sujet, je voudrais vous confier ce que m'a dit, un jour, un ami, alors qu'il me désignait sa compagne s'affairant dans ses rosiers, au fond de leur jardin :

> Tu vois, je sais que ma relation avec Isabelle ne va pas de soi. Si elle est avec moi, c'est parce qu'elle le veut bien. Quand je me réveille tous les matins – et cela fait quinze ans ! –, je me dis que c'est ma responsabilité de lui donner, jour après jour, envie de rester avec moi. Elle peut décider de partir, du jour au lendemain et je sais qu'elle en est capable. Je dois être attentif à la qualité de ce que nous vivons ensemble, cela n'a rien d'extraordinaire, mais c'est une vigilance au quotidien pour ne pas le banaliser. C'est exigeant, mais notre amour vaut bien ça. En même temps, ce n'est pas du stress ni de l'angoisse car ça me rend heureux de rester en éveil par rapport à notre relation, cela me permet de goûter chaque jour que je passe avec elle. Elle a cette même exigence envers elle-même et vis-à-vis de moi et je crois que c'est pour cela que notre relation fonctionne bien.

Tout comme la patience serait comme une sorte d'antidote à la colère, on pourrait dire que la vigilance serait un antidote à la négligence et au laisser-aller. Elle nous rappelle le constant respect que nous devons à notre conjoint et qu'il (elle) est en droit d'exiger de nous. Être vigilant nous permet également d'identifier, au fil du temps, ce qui est bénéfique à notre relation et ce qui lui est nuisible. Cela nous permet de déceler à temps les voyants rouges qui clignotent sur notre tableau de bord intérieur – voire d'anticiper les situations « à risque » qui créent systématiquement des tensions dans notre couple.

Alors, s'il vous plaît, choisissez, dès aujourd'hui, la vigilance, même si vous ne l'avez jamais pratiquée. Ce qui compte, c'est ce que vous allez mettre en place dès maintenant, dès ce soir. Vous allez rapidement vous rendre compte que la générosité et la patience envers votre partenaire découlent assez spontanément de la pratique de cette belle et exigeante qualité. Vous allez, par exemple, voir plus clairement ce dont il (elle) a besoin et qu'il (elle) n'ose peut-être pas vous demander et vous aurez ainsi la possibilité de lui faire la surprise de répondre à ce besoin. De même, quand, avec vos yeux de lynx, vous le (la) verrez aux prises avec ses peurs ou avec ses démons intérieurs, vous serez peut-être plus enclin à être patient(e) avec lui (elle) et plus à même de l'apaiser. Vous comprendrez alors que le travail d'amour est vigilance !

Le travail d'amour, donc.

Le travail d'amour pour restaurer le lien ? Oui, peut-être, c'est certainement une composante importante pour réparer ce que la solitude-isolement a abîmé. Mais est-ce suffisant ?

La réponse est clairement non. Car il manque quelque chose d'essentiel. Quelque chose qui fait très souvent défaut dans la relation d'amour souffrant de solitude, au point de la condamner à se déliter au fil du temps. Ce « quelque chose » est le fondement de tout, sans lequel il est illusoire ou impossible de générer en soi la capacité à donner, à écouter, à accueillir, à faire preuve de patience et d'enthousiasme à l'égard de l'autre. C'est ce que nous allons maintenant découvrir ensemble...

12

La perte du lien avec soi-même

C'est le petit matin. Vous ne l'avez pas entendu se lever et c'est le claquement de la porte d'entrée qui vous a réveillée. Vous restez là, sans bouger, dans les draps encore chauds de la nuit. Et vous pensez à ce qui s'est passé la veille au soir. Ce qu'il vous a dit, ce que vous avez ressenti... La solitude enserre votre cœur et fait monter en vous une sourde angoisse. Vous connaissez bien ce sentiment. Il était là avant – avant lui, avant de l'aimer, avant d'avoir mal. Ce matin, il trouve en vous un écho familier, comme le murmure de quelque chose de connu et d'intime. Un murmure qui n'a rien à voir avec lui – et qui a, en fait, tout à voir avec vous.

Ne me suis-je pas perdu(e) en route ?

Votre solitude se résumerait-elle à la seule perte du lien entre vous et votre partenaire ? Serait-ce suffisant pour expliquer ce vide intérieur qui s'installe en vous, alors même que votre compagnon ou votre compagne est à vos côtés et que, somme toute, votre relation n'est pas aussi dégradée que cela ? Au-delà de ce vécu de déconnexion dans votre couple, n'en existerait-il pas un autre, à un autre niveau ?

C'est ce que révèlent, en filigrane, bon nombre d'histoires de couples souffrant de solitude-isolement. Certes, on y lit la perte de lien de l'un avec l'autre, mais il y transparaît quelque chose de plus profond. Pour celui ou celle qui fait l'expérience de cette solitude, il y aurait comme une perte de lien avec soi-même. Bien sûr, la solitude-isolement ne se résume pas qu'à cela, mais c'est une composante sur laquelle on s'arrête très rarement pour expliquer la perte de lien dans le couple : on se sentirait seul(e) dans la relation – et seul(e) tout court – car on n'est plus en lien avec soi-même.

Oui. Peut-être. Mais cette hypothèse est-elle pertinente ? Et même si tel est le cas, en quoi la déconnexion avec soi-même participerait-elle à celle que l'on vit au quotidien avec son conjoint ?

Revenons un peu en arrière. Vous vous rappelez que nous avons vu des situations où la perte du lien d'amour était le fait de circonstances extérieures, comme un deuil ou l'arrivée de la retraite. Mais il s'agit d'une tout autre histoire quand on considère les paramètres intérieurs qui participent à la perte de lien. Que retrouve-t-on ? L'aspiration à répondre à des questions clés tels la quête d'identité, la recherche d'une sécurité intérieure ou le besoin d'appartenance. Ces questions font référence à un sentiment, parfois confus, d'absence de sens. On y perçoit un manque de direction, une quête d'un « quelque chose » d'indéfinissable. Certains le traduisent comme cette pénible impression de ne pas avoir d'envie, ni de passion, ni d'idéal. D'autres évoquent la violence de la dévalorisation de soi, les doutes sur leurs capacités, leurs qualités intrinsèques ou leur valeur propre. Partout, ils se font l'écho d'un vécu de pauvreté intérieure avec, élément caractéristique, le constat d'une grande difficulté à rester seuls avec eux-mêmes.

Un indice devrait nous mettre la puce à l'oreille : le

ressenti de « vide » est présent en soi, alors qu'on a souvent une vie active, un bon emploi et une vie relationnelle relativement pleine. On peut donc jouir de circonstances de vie favorables et éprouver, en même temps, un malaise intérieur qui donne l'impression d'être étranger à soi-même et qui, manifestement, ne renvoie pas à ce que l'on vit extérieurement.

Ainsi, force est de constater que le point commun à ces interrogations est qu'elles font toutes référence à un *vécu subjectif intérieur.* Cette quête de réponses, tournée vers l'extérieur, paraît trahir notre difficulté à trouver les réponses en nous-même. Elle révélerait un doute ou une incertitude de fond qui nous pousserait à croire que nous ne pouvons pas compter sur nous pour exister sereinement dans le monde. Il en résulte que nous ne parvenons pas à nous faire confiance, en nous pensant dépendants de l'extérieur, espérant y trouver des points d'appui pour pouvoir affronter notre vie.

Nous en sommes tous là. À un niveau ou à un autre, d'une façon plus ou moins intense, nous faisons l'expérience d'être coupé d'une partie de nous-même et *cette perte de lien avec notre intériorité, quel que soit son degré, peut être une des raisons de la perte de lien avec notre partenaire.*

Finalement, que se passe-t-il si je ne suis pas du tout en lien avec moi-même ? Je ressens un vide ou un manque, et j'essaie, coûte que coûte, de le combler car ce vécu intérieur est angoissant. Si je suis coupé de moi-même, je me persuade qu'il est nécessaire d'aller chercher à l'extérieur ce dont j'ai besoin. Et, comme beaucoup de gens, j'en viens à penser que la relation de couple peut être un des lieux privilégiés où apaiser mes angoisses. Pourquoi pas, après tout ? Elle l'est sûrement. Mais seulement dans une certaine mesure. Le problème est que je risque alors de *surinvestir* ma relation de façon erronée quand je lui demande de remplir un vide qu'elle ne peut combler. N'oubliez pas que tout cela se joue au niveau inconscient. Je ne décide pas qu'il en soit ainsi. Je suis le jouet involontaire de mes peurs. Ne percevant pas le point d'origine intérieur de mon malaise, je ne vois que le lieu où il se projette (à savoir mon couple) et je le confonds avec son origine : je me sens un peu « vide » et je projette ce « vide » sur ma relation en lui demandant d'y remédier ! J'en viens alors à en attendre et à en espérer beaucoup trop et, finalement, je ne peux qu'être déçu. Les bases de cette déception étaient évidentes dès le départ pourtant : une question ayant l'intérieur pour objet ne peut pas trouver de réponse à l'extérieur ! En fait, je demande à mon couple ce que je devrais me demander à moi-même, en premier lieu. Rien n'empêche que, dans un deuxième temps, mon couple vienne compléter, ou soutenir, ou optimiser les réponses que je me serais données (il est aussi fait pour ça), mais je ne dois pas court-circuiter la première étape qui consiste à d'abord chercher en moi les réponses dont j'ai besoin. Le couple est une aide, mais il n'est pas la réponse. Ainsi, il est essentiel de comprendre qu'il est illusoire d'espérer que ma relation porte la totale responsabilité de mon bien-être quand, en réalité, cette responsabilité m'incombe. C'est à moi de prendre soin de moi.

La solitude fondamentale

Il y a la solitude qui fait mal et c'est de cette solitude dont nous avons essentiellement parlé jusqu'à maintenant. Mais il y a une autre solitude, celle qui fait du bien.

La langue anglaise va ici nous aider : en français, il n'existe qu'un seul mot pour désigner la solitude. En anglais, il y en a deux : *loneliness* et *aloneness*. Ils recouvrent des états psychologiques différents, même si, en surface, ils se ressemblent comme deux gouttes d'eau. *Loneliness* renvoie au sentiment douloureux d'être seul – il correspond à la solitude-isolement et est associé à l'idée de manque, de vide à combler, de souffrance, que l'on soit effectivement seul, en couple ou encore au sein d'une foule. En revanche, *aloneness* est le versant de la solitude qui n'a pas la connotation négative de *loneliness*. Cette solitude-là, c'est celle qu'on choisit, quand on a besoin de prendre du recul ou de se ressourcer. C'est le fait d'être seul, *sans le sentiment douloureux de l'être*. Nous allons le voir : cette solitude nous relie intensément à nous-même, elle nous reconnecte à notre être le plus profond. C'est pour cette raison que je vous propose de l'appeler dorénavant : « solitude fondamentale », en contraste avec le terme négatif de solitude-isolement.

On pourrait comparer la solitude fondamentale à une sonate de Mozart. Imaginez qu'un concert de hard rock se superpose à cette musique de chambre : on ne l'entend plus ! Elle est toujours présente mais le son assourdissant nous empêche de la percevoir. Le hard rock, c'est le brouhaha de nos pensées et de nos soucis du quotidien, c'est notre hyperfocalisation sur l'extérieur ; la sonate de Mozart, c'est le souffle ténu de notre être intérieur, dont la solitude fondamentale est une composante. Rien d'étrange dans tout cela : c'est juste « nous », dans ce que nous avons de plus essentiel.

Revenons au petit bébé que nous avons été. On sait aujourd'hui que, dans les premiers temps de notre vie, nous ne faisions pas de distinction entre nous et le monde extérieur : il n'y a pas de séparation, pas de frontière entre un « dedans » et un « dehors » et donc pas de conscience de notre identité propre. Au fil du temps, nous avons commencé à développer une conscience de « je », de « moi » et nous avons progressivement construit une distinction entre nous et le monde qui nous entoure. La conscience de cette distinction fondamentale est ce qu'on appelle les *frontières de l'ego*. Les psychanalystes nous disent que c'est là qu'émerge en nous, au niveau inconscient, un état subjectif qui est le fondement du sentiment de solitude fondamentale. Nous prenons conscience d'être « nous » et « nous » sommes en face de, ou en interaction avec, ce qui n'est pas « nous » : l'extérieur, les autres. Ce processus psychique s'est initié dès le stress initial de notre naissance, quand nous avons été arrachés à la plénitude du ventre de notre mère. Plus tard, le sevrage du sein maternel fut une nouvelle séparation et il en a été ainsi tout au long de notre vie : quitter l'enfance, quitter l'adolescence, quitter, encore et encore.

Et nous gardons en nous la nostalgie d'un paradis perdu. Le souvenir de cette osmose originelle persiste en arrière-plan de notre esprit, tout au long de notre vie, comme un sourd désir de fusionner à nouveau avec « quelque chose » comme pour annuler cette (terrible ?) conscience d'être fondamentalement seul. Comment, enfant, apprivoisons-nous ce sentiment de solitude ? Pour le psychanalyste anglais Donald W. Winnicott, « la capacité d'un individu à être seul repose sur son expérience antérieure d'enfant seul en présence de la mère[1] ». L'enfant apprend à exister seul, en l'absence de sa mère, et il a besoin, pour cela, de se construire intérieurement une image de sa mère à laquelle il pourra se référer quand celle-ci sera loin de lui. Cela lui permet de faire « raccord » entre les moments où elle est présente et les moments où elle est absente. Il garde en lui l'« empreinte » mentale de sa mère et cela lui permet de rester seul sans se sentir abandonné.

1. Winnicott D. W., *Le Processus de maturation chez l'enfant*, Payot, 1970.

Amour et solitude fondamentale

Qu'est-ce que tout cela a à voir avec l'amour ? Nous allons grandir, devenir enfant, puis jeune adulte et, au détour d'un baiser volé, nous allons tomber amoureux. Et là, bonheur : nous fusionnons à nouveau ! Les frontières de l'ego s'effondrent comme au tout début de notre existence et il se réactive en nous le lointain souvenir de l'union fusionnelle avec maman : la sourde souffrance de la solitude fondamentale est abolie ! Nous ne faisons qu'un ! Dès lors, nous nous sentons les rois du monde puisque nous retrouvons le souvenir de cette merveilleuse indifférenciation de nous avec l'extérieur. Ainsi, tout devient possible, jusqu'à ce que le soufflé tombe… que l'autre redevienne « autre » et moi, juste « moi ». Arrivé à ce stade, un choix s'impose : soit la relation s'interrompt, soit elle continue et le véritable travail d'amour commence.

Voici donc l'universalité de notre solitude ; elle est une composante intrinsèque de notre être. Elle est au cœur même de nos existences : nous naissons seul, même entouré d'une horde de sages-femmes ; nous mourrons seul, même accompagné de tous nos proches et nous sommes structurellement seul sur le chemin qui nous mène d'une extrémité à une autre de l'existence. Parfois, des circonstances de notre vie rendent plus manifeste à notre conscience cette réalité intérieure : un deuil, un revers de vie comme la maladie, le chômage, une rupture affective. Mais comme rien, ni personne, ne nous apprend à l'appréhender sereinement, cette soudaine et inattendue confrontation nous laisse démuni. On constate d'ailleurs que moins nous sommes conscient de l'omniprésence de cette solitude fondamentale en nous, plus nous sommes désarmé quand elle se rappelle à nous. Incidemment, c'est de cette rencontre avec cette inévitable solitude dont je suis le témoin dans mon travail auprès des personnes en fin de vie. C'est d'ailleurs ce qui fait de ce temps de vie un moment d'une rare – et confrontante – authenticité. En effet, j'ai, à maintes reprises, constaté que les personnes qui, au cours de leur existence, avaient approché, s'étaient familiarisées et avaient intégré du mieux possible leur dimension de solitude, étaient celles qui vivaient les derniers instants de leur vie avec une sérénité que ne connaissent pas ceux qui avaient passé leur temps à la fuir ! Le constat est simple : on ne peut pas se fuir ; on finit toujours par se rattraper ! Ceci fait écho à ce qu'écrit Jacqueline Kelen, dans *L'Esprit de solitude* :

> « La solitude essentielle existe et n'a ni remède, ni solution. C'est le lot, le destin de tout homme, qu'on le veuille ou non. C'est le commencement de tout. Et il serait dommage de vouloir s'en guérir ou s'en débarrasser parce que ce sentiment signe en nous la conscience humaine. [...] Le sentiment poignant d'être, quoi qu'il arrive, toujours seul avec soi même n'a rien à voir avec un problème psychologique : c'est un sentiment métaphysique. À cette solitude essentielle, il n'y a pas de contraire possible. Elle est, tout simplement[1]. »

La peur de la solitude fondamentale

Mais alors, pourquoi en avons-nous peur ? Oui, pourquoi avons-nous si peur de rencontrer cette solitude qu'on nous affirme être l'essence même de notre condition d'être humain ? « Tout le malheur des hommes vient d'une seule chose, qui est de ne pas savoir demeurer en repos dans une chambre », écrit Blaise Pascal ; il décrit la fuite des hommes dans l'agitation et la distraction pour éviter de penser à soi, pour éviter de nous confronter à cette solitude. Nous sommes réellement remplis de crainte à son égard. Il

1. Kelen J., *L'Esprit de solitude*, Albin Michel, 2005.

n'y a qu'à regarder les efforts incroyables que nous déployons pour ne pas nous confronter à elle : obligations de toutes sortes, stimulations constantes via Internet, la télévision, les portables, sollicitations multiples de notre vie sociale, familiale ou professionnelle. Tout cela n'a rien de négatif en soi ; mais quand cette agitation est le reflet d'une fuite de soi, là il y a problème. À un premier niveau, on pourrait dire que nous avons peur parce qu'on ne nous a jamais appris à accueillir cette solitude ; on ne nous a jamais appris à l'écouter et à rester confortablement en sa présence. Mais, plus insidieusement, on nous a aussi conditionnés à penser qu'il y avait là quelque chose d'inquiétant, d'anormal ou même de malsain. On retrouve un lointain écho de cela dans les réflexions qu'on entend au sujet des personnes qui vivent paisiblement leur solitude : « Elle doit avoir un problème, ce n'est pas normal d'aimer être seul. » Faites l'expérience : fermez les yeux et portez quelques instants votre attention au cœur de vous-même. Qu'entendez-vous ? Du bruit. Beaucoup de bruit : des pensées, des jugements, des sensations, des émotions, des perceptions. Comme la plupart des gens, vous ne savez pas comment vous mettre en lien avec votre dimension intérieure, vous n'avez pas le mode d'emploi ; de plus, face à ce brouhaha intérieur, un sentiment d'ennui ou une discrète angoisse commencent à s'infiltrer en vous et, très rapidement, vous rouvrez les yeux.

Incidemment, ce n'est pas la dimension de solitude que nous redoutons en tant que telle, pour elle-même, c'est plutôt cet espace (un peu trop vaste ?) qu'elle révèle en nous. Nous craignons tout ce qui pourrait y apparaître et qui nous parlerait des tréfonds de nous-même. Nous craignons peut-être aussi l'immense espace de liberté que nous découvririons en nous, et il faut bien reconnaître que nous avons souvent peur d'assumer notre propre liberté… car nous prenons alors conscience que nous sommes pleinement responsable de ce que nous en faisons. Cet espace est pourtant notre fondement. C'est à partir de cet espace que jaillissent nos pensées, nos émotions, nos projets, nos expériences intérieures, notre créativité, etc. C'est la matrice de tout ce que nous sommes : c'est « nous » dans notre dimension fondamentale. De là, habiter cet espace intérieur le plus consciemment possible, c'est en quelque sorte nous révéler à nous-même.

Un courant de pensée négatif

Mais qu'est-ce que « nous révéler à nous-même » ? C'est une invitation à nous mettre en contact *conscient* avec ce que nous sommes pour identifier et investir les forces vives de notre être, afin de les vivre avec le plus d'aisance, de joie et de liberté possible. Nous révéler à nous-même, c'est prendre soin de nous, non pas dans un sens restreint et narcissique, mais d'une façon qui honore ce que nous sommes. Certes, mais il existe des obstacles à cette rencontre intérieure. En fait, il n'en existe qu'un, mais il est de taille : il s'agit de nous-même ! En effet, dès que nous évoquons des notions comme « prendre soin de soi », « nous révéler à nous-même », nous dressons en nous les boucliers de la mésestime de soi : « Je ne mérite pas ça », « je n'y ai pas droit », « je ne suis pas à la hauteur de l'attention qu'on me demande de m'accorder ». Ce regard dévalorisant traduit la présence, dans notre esprit, d'un courant de pensée négatif qui nous conduit systématiquement à une condamnation violente de nous-même. C'est une composante de la psyché que la psychanalyse appelle le Surmoi et qui représente tous les conditionnements négatifs issus de l'histoire de notre vie. Ce courant de pensée reprend tout ce qui nous a été dit de négatif sur nous – et tout ce que nous nous sommes répété – au fil des années ; nous ressassons ces injonctions négatives, sans jamais les remettre en question dans leur pertinence. Nous nous identifions totalement avec ce discours dévalorisant sur nous-même, en y adhérant tellement que, petit à petit, nos actes et notre comportement deviennent l'expression de ces pensées. Or nous sommes rarement conscients du pouvoir que nous accordons à nos propres schémas de pensée. C'est pourquoi il est toujours utile de les identifier pour mieux nous dégager de leur emprise. Si ces schémas de pensée deviennent trop limitants au point de parasiter fortement le cours de notre existence, il est clair qu'une approche psychothérapeutique est une réponse pertinente à cette situation d'enfermement psychique. Quand on se trouve trop sous leur emprise, la thérapie peut s'avérer un atout non négligeable dans la reconnexion à soi-même. Elle permet de mettre à distance la violence potentielle du courant de pensée négatif, en aidant à se rencontrer, sans peur, et à aller au-delà des fantômes intérieurs. Même s'il est faux d'affirmer qu'une psychothérapie est la seule et unique voie d'accès à notre solitude fondamentale (car il existe mille autres chemins pour la rencontrer), son propos est d'apaiser un tant soit peu les tourments assourdissants de l'esprit pour – justement – parvenir à entendre le murmure de cette dimension intérieure. Il faut d'abord panser ses plaies, avant de pouvoir partir à l'aventure.

Ce courant de pensée négatif nous chuchote à l'oreille que nous ne méritons pas de porter sur nous un regard bienveillant, que nous n'avons pas le droit d'aspirer à quelque chose de supérieur et que, de toute façon, cette dimension nous est inaccessible. Le risque est effectivement de croire que cette insidieuse petite voix a raison, alors qu'en réalité le désir de rencontrer la richesse de notre solitude fondamentale est non seulement légitime, mais c'est en fait la chose la plus saine à laquelle il nous soit donné d'aspirer.

13

Nourrir le lien avec soi-même

Nos besoins fondamentaux

Connaissez-vous ce qu'on appelle la « pyramide de Maslow » ? Abraham Maslow est un psychologue américain qui, dans les années 1950, a dressé une liste hiérarchique des besoins que chaque être humain tente de satisfaire, en fonction de ses moyens et de son évolution. Elle part, à la base, des besoins les plus élémentaires (boire, manger, dormir) pour monter jusqu'aux besoins les plus sophistiqués (parvenir à la réalisation de soi). Notre société occidentale nous permet de nous situer dans les strates supérieures de cette pyramide en pourvoyant à l'essentiel de nos besoins physiologiques de base. En étudiant cette pyramide, nous nous rendons compte que l'émergence, dans notre champ de conscience, de nouveaux besoins – des besoins tels que l'accomplissement de soi – est la conséquence naturelle de la satisfaction des autres situés aux strates inférieurs. En d'autres termes, nous ne sommes pas des enfants gâtés toujours insatisfaits et à la recherche de « toujours plus » de bonheur. Non ! Nous ne sommes plus aux siècles passés où la survie au quotidien était une réelle préoccupation. « Le XXIe siècle sera spirituel ou ne sera pas », a un jour déclaré André Malraux. Ce siècle est bien celui d'une exigence de sens et d'accomplissement intérieur. Nos besoins de réalisation et d'accomplissement personnel sont en cohérence avec notre niveau d'évolution. Au plus profond de nous-même, nous avons l'intuition qu'il existe des dimensions de notre être qui se languissent légitimement de se révéler à elles-mêmes. L'objectif de ce livre n'est pas d'explorer ces voies de développement personnel – des ouvrages de grande qualité vous donneront les clés nécessaires[1]. Je me limiterai ici à souligner quatre des besoins humains les plus essentiels au cœur de cette démarche.

Le besoin de reconnaissance et d'appartenance

C'est le fait de pouvoir communiquer avec autrui et de pouvoir s'exprimer en se sachant reconnu, accueilli et accepté. À un niveau très basique, c'est ce besoin qu'exprime le petit enfant quand il sollicite sans cesse le regard de son parent, quoi qu'il fasse : « Maman, papa, regardez-moi ! Regardez comme je nage bien, comme je dessine bien, comme je cours bien… ! » Il attend que le regard de son père et/ou de sa mère le valide et le fasse exister. Il a besoin d'être reconnu par eux – et par extension par autrui – pour savoir qu'il existe dans le monde. On comprend les carences psychiques qui peuvent résulter de l'absence – ou de la pauvreté – de ce regard parental sur l'enfant en cours de construction intérieure. Cela place l'enfant dans une position où, une fois adulte, il continuera à attendre, de l'extérieur, un regard qui pourra le faire exister (dans son couple, par exemple !) et, dès lors, il sera peu enclin à regarder à l'intérieur de lui-même (et donc à rencontrer sa solitude fondamen-

1. Voir Annexe p. 251.

tale) car il n'aura pas acquis la réassurance que confère un regard parental attentif et bienveillant.

Parallèlement à ce besoin de reconnaissance est le besoin d'appartenance. C'est celui qui nous pousse à vouloir faire partie d'un groupe, quel qu'il soit : former un couple, avoir des amis, faire partie d'un club, d'un « clan », d'une association, etc. Nous l'avons déjà vu : le sentiment d'appartenance est pourvoyeur d'identité et d'ancrage social. Cela nous fait exister par rapport à autrui.

Le besoin d'estime de soi

Si le besoin de reconnaissance et d'appartenance renvoie au besoin de nous situer par rapport à l'extérieur, le besoin d'estime de soi renvoie à celui d'exister de façon valorisante à nos propres yeux. C'est le besoin de porter sur soi un regard empreint de respect, de bonté et de non-agression. L'estime de soi est donc un rempart contre la dépression et la dévalorisation de soi. Nous satisfaisons ce besoin en nous donnant accès, par exemple, à des activités (professionnelles, artistiques, sportives ou autres) qui ont de la valeur à nos yeux, en menant à bien des projets gratifiants (remplir avec « succès » son rôle de parent, par exemple), ou encore en ayant des opinions ou des convictions qui renvoient à des idéaux dont nous sommes fiers et auxquels nous aimons nous identifier. Le besoin d'estime de soi est aussi en lien avec le désir de réussite, quel que soit le domaine, et de maîtrise de son existence.

Satisfaire à ce besoin d'estime de soi crée la base intérieure qui nous permet d'affirmer que nous sommes « quelqu'un de bien » et que nous méritons d'aspirer au bonheur.

Le besoin de gagner en liberté et en autonomie

Rassuré sur le fait d'exister dans le monde (besoin 1) et à nos propres yeux (besoin 2), nous disposons alors d'un tremplin pour explorer – et tenter de dépasser – nos propres limites. Ici s'exprime l'aspiration à dépasser les frontières du connu. C'est le besoin que les grands explorateurs de tout temps ont cherché à satisfaire, qu'il s'agisse de grands navigateurs comme Christophe Colomb ou des grands chercheurs de l'esprit comme Freud ou Einstein. Répondre à ce besoin, c'est oser prendre des risques, c'est refuser la stagnation et l'immobilité, même si on doit pour cela mettre en péril la sécurisante stabilité de son existence. Nous sommes parfois très ambivalents vis-à-vis de ce besoin. Sur le papier, nous sommes tout à fait d'accord qu'il est essentiel d'acquérir plus de liberté, mais il y a là quelque chose de potentiellement effrayant quand il s'agit de concrètement incarner cette liberté. En effet, même si ce besoin existe en nous, il est souvent difficile à assumer, comme nous l'avons souligné plus haut : l'exercice de la liberté et de l'autonomie est synonyme de responsabilité. Et il n'est pas toujours évident d'assumer la pleine responsabilité de notre propre existence, d'où parfois le refus – souvent inconscient – de satisfaire ce besoin, en se créant d'illusoires contraintes où l'on se convainc que ce sont les circonstances extérieures qui font obstacle à notre liberté...

Le besoin de se réaliser

Ce besoin contient et résume les besoins précédents : existant dans le monde et à nos propres yeux, ayant acquis la liberté d'esprit permettant de dépasser ses limites, il en résulte naturellement le désir de se réaliser soi-même. Ce besoin d'accomplissement de soi se trouve au sommet de la hiérarchie des besoins humains de Maslow. C'est, comme dit Nietzsche : « Devenir ce que nous sommes », en repoussant plus loin les frontières de notre moi, en accroissant nos connaissances, en développant nos qualités, nos points forts et nos compétences, en créant de la beauté autour de nous ou encore en ayant une vie intérieure la plus riche possible, etc. Se réaliser peut également passer par le fait d'avoir un impact positif dans la vie d'autrui et de faire une différence dans son existence. Rassuré sur sa propre valeur, on peut, sans crainte pour soi-même, promouvoir celle d'autrui.

Lorsqu'une personne a satisfait tous les besoins des niveaux précédents, c'est par l'« actualisation de soi » qu'elle parvient à réaliser pleinement son potentiel. Certains auteurs ajoutent parfois un cinquième besoin qui complète le besoin de réalisation personnelle : il s'agit du besoin d'ordre spirituel et du besoin de transcendance. On pourrait les voir comme ne faisant plus partie du domaine de la psychologie ; mais il ne faut pas oublier cependant que Carl G. Jung, un des pères de la psychanalyse, percevait la dimension spirituelle comme une composante fondamentale de la psyché. Pour lui, parvenir à l'« individuation » (le processus visant à devenir un être humain à part entière) impliquait de prendre en compte – et de cultiver – sa dimension spirituelle (qui n'est évidemment pas à confondre avec une quelconque dimension religieuse : ce sont deux aspects bien différents l'un de l'autre).

La prise de conscience de ces besoins peut être difficile car elle nous met au pied du mur, face à nous-même. Car, immanquablement, des questions s'imposent : ces besoins sont-ils satisfaits dans mon existence ? Est-ce que j'y consacre suffisamment de temps et d'énergie ? Qu'est-ce qui actuellement interfère dans ma vie avec la satisfaction de ces besoins ? Qu'est-ce que veulent dire pour moi des expressions comme « réalisation personnelle » ou « accomplissement intérieur » ? De quoi aurai-je besoin dans ma vie, pour qu'elle prenne son plein essor, pour que j'aie le sentiment d'accomplir quelque chose qui ait de la valeur et du sens, pour qu'elle soit source de plaisir ou de satisfaction ? Existe-t-il, en moi, des besoins que je laisse en jachère depuis trop longtemps ?

Il est difficile de répondre à froid à ces questions, d'une part parce que cette réflexion demande un réel temps d'introspection et, d'autre part parce que nous n'avons peut-être pas l'habitude de véritablement nous poser ce type de questions, craignant peut-être d'être trop mal à l'aise, si nous nous rendons compte que nous ne sommes pas en train de vivre la vie que nous souhaitons. Mais est-ce si inaccessible ? Certainement pas ! Certes, il y a là une exigence d'honnêteté vis-à-vis de nous-même : nous ne pouvons pas nous plaindre d'une vie trop pauvre et, en même temps, faire le constat d'une inertie de notre part à injecter l'énergie nécessaire pour la transformer. Ainsi, en étant sincère avec nous-même, donnons réellement une chance à nos aspirations les plus profondes, au-delà de tous nos « oui, mais... » qui les empêchent de prendre leur essor.

Faire silence en soi

Satisfaire à nos besoins fondamentaux et ainsi nous reconnecter à nous-même et à notre solitude fondamentale implique que nous créions les conditions nécessaires, en nous et autour de nous, pour mettre cela en œuvre dans notre vie. De fait, nous ne pouvons pas y parvenir si notre vie est trop encombrée tant extérieurement qu'intérieurement. La complexification de nos vies est souvent à l'image de nos angoisses, de nos peurs, de notre insécurité : plus nous nous angoissons, plus nous avons tendance à nous agiter et à complexifier. En revanche, plus nous nous apaisons, plus nous tendons à simplifier notre existence, naturellement, spontanément. Cela est à notre portée. Essayez donc de simplifier ce qui peut l'être en vous et autour de vous, tant au niveau matériel que relationnel.

Rencontrer notre solitude fondamentale, c'est aussi apprendre à faire silence en soi. Il nous faut l'apprivoiser afin de le (re)découvrir. C'est dans ce silence que les artistes peignent (même si, extérieurement, certains ont besoin de musique en toile de fond). C'est dans le silence que les auteurs écrivent, que les musiciens composent, que les chercheurs de tous horizons élaborent et conçoivent. Le silence est indissociable de la créativité et l'exercice de cette créativité est un de nos droits de naissance : nous sommes humains, nous avons donc ce potentiel, que nous l'ayons, ou pas, exploité jusqu'à maintenant. Ainsi, il nous est demandé de faire preuve de créativité et de créer la vie que nous voulons pour nous-même.

« Chacun de nous ressent un besoin de prendre du recul », écrit Frédéric Lenoir, auteur et directeur du *Monde des religions*, « un besoin de se ressourcer intérieurement ; de recharger non seulement les batteries du corps, mais aussi celles de l'être profond. [...] Ce temps de ressourcement quotidien est aussi nécessaire à notre esprit que manger, dormir ou respirer l'est à notre corps. Pourquoi ? Parce que notre esprit a besoin d'espace. Trop enserré dans les pensées et les soucis, soumis à une multitude de stimulations extérieures, il étouffe. Du coup, nous perdons en lucidité, en discernement, en calme intérieur. Nous devenons facilement la proie de nos émotions : un rien nous énerve, nous subissons angoisses et peurs. Cette inquiétude nous ronge et nous dormons mal, nos relations avec les autres se dégradent, nous entrons dans la spirale infernale du stress[1]. »

Que ce soit dans le secret de votre chambre, dans votre bureau, au fond de votre jardin ou assis au bord de la mer, vous aussi vous avez besoin de ce silence pour regarder sereinement à l'intérieur et créer ainsi les conditions favorables pour satisfaire vos besoins fondamentaux. Combien de temps consacrez-vous chaque jour à vous retrouver seul avec vous-même, dans un véritable silence intérieur ? Une heure ? vingt minutes ? cinq ? zéro ? Si tel est le cas, demandez-vous *comment* vous pourriez prendre ce temps, juste pour voir ce qui se passe en vous. Faire silence en vous, quelques instants en fermant la porte aux bruits du monde et aux sollicitations extérieures, c'est faire preuve d'attention envers vous-même. Vous priver de cela, c'est vous assoiffer et vous faire violence.

Vous êtes certainement d'accord, mais il se peut que vous perceviez tout cela de loin en vous interrogeant : « Est-ce que cela est vraiment pour moi ? Je n'ai pas le temps : j'ai ma vie, mon emploi du temps, mes enfants, mes obligations familiales. » Il est vrai : c'est à vous de décider. À chaque instant de votre vie, cette rencontre avec vous-même est ouverte et accessible. Libre à vous d'y répondre ou d'y rester sourd en invoquant mille excuses. Mais si vous n'y répondez pas, ce ne sera pas la faute des autres ou des circonstances – et ce ne sera surtout pas la faute de votre partenaire ! Ce contact intime avec vous-même n'est pas un idéal inaccessible. Cela n'a rien de magique, rien de métaphysique, rien d'ésotérique. C'est juste apprendre à être en phase

1. Article disponible sur le site psychologies.com, 2006.

intime avec vous, en paix avec vous, en amitié avec vous. Ce lieu intérieur vous est disponible à chaque instant. Il vous attend patiemment, comme un trésor qui sommeille ; il a le potentiel de transformer, d'enrichir, d'embellir, de donner du sens à votre vie. Mais personne ne peut le faire pour vous : à vous seul(e) revient la responsabilité de vous révéler, dans ce que vous êtes véritablement, au cœur du cœur de votre être.

Ce chapitre n'est qu'une invitation à vous tourner vers vous-même pour appréhender votre solitude fondamentale. Il vous appartient maintenant d'explorer cette dimension par vous-même. Une multitude de voies s'offrent à vous, par l'art, l'écriture, la méditation, le sport, le contact avec la nature... Quelle que soit l'approche que vous déciderez de prendre, vous installer dans le silence revient surtout à développer un état d'esprit, jour après jour. Cela va progressivement vous permettre d'aborder chaque instant de votre vie avec un « ancrage » intérieur, source d'une clarté et d'une force tranquille qui vous permettra de mieux faire face aux événements extérieurs, avec plus de profondeur et d'intelligence. Il ne s'agit pas là d'aspirer à un état éthéré, loin de tout et de tous, qui garantirait une sérénité absolue face aux péripéties de l'existence, mais plutôt de la découverte en vous d'un « socle » sur lequel il est possible de vous appuyer pour exister dans le monde. C'est ce que décrit Jacqueline Kelen :

> « Lorsque l'individu a pris contact avec ce noyau indestructible, a expérimenté cette solitude de l'Esprit, il peut ensuite vivre seul ou en couple, à la ville ou dans le désert ; il ne se sent jamais coupé, isolé. Il peut subir un deuil, un divorce, endurer l'exil, jamais sa véritable nature, sa claire solitude ne sera entamée, jamais son esprit ne sombrera. Bien sûr, il

souffrira des événements, il connaîtra même le désespoir, mais le plus précieux de lui demeurera préservé[1]. »

Tout cela ne parle que d'amour – d'amour envers vous-même, soyez-en conscient. Prenez soin de vous, en écho du travail d'amour envers votre partenaire. Vous pourriez alors :

– Dénouer vos nœuds psychiques et, si nécessaire, éradiquer les schémas limitants issus du passé et retrouver l'estime de vous-même grâce à un travail psychothérapeutique.

– Développer une attitude de générosité, de patience, de vigilance empreinte de bienveillance à l'égard de vous-même.

– Tenir les promesses que vous vous faites.

– Veiller à être intègre et congruent par rapport à vous-même, posant ainsi les bases d'une solide confiance en vous.

– Prendre conscience de vos besoins fondamentaux et vous efforcer, jour après jour, d'y répondre avec courage, constance et détermination.

– Accueillir comme légitimes vos besoins de reconnaissance, d'appartenance, votre besoin d'estime et de réalisation de vous, vos besoins de protection, de stabilité et de sécurité.

– Oser explorer vos limites pour aller au-delà et gagner en autonomie et en liberté.

– Prendre soin de votre corps.

– Tendre vers l'essentiel en vous et autour de vous en essayant de simplifier ce qui peut l'être dans votre existence.

– Assumer pleinement vos désirs et vos rêves en vous donnant concrètement les moyens de les mettre en œuvre.

– Explorer votre espace intérieur et prendre

1. Kelen J., *op. cit.*

conscience de la solitude fondamentale qui est le fondement de votre être.

Sur ces bases, vous pourrez embrasser sans réserve le monde et tous les êtres qui le peuplent : voilà ce que signifie le « travail d'amour » envers vous-même. Voilà ce que veut dire « prendre soin de vous ». Est-ce si compliqué ? Si vous cherchez la paix en vous et dans votre relation, sachez qu'elle est le fruit de ce travail. C'est parce que vous vous y engagerez que votre cœur s'apaisera. Et un cœur apaisé voit plus loin. Il est en mesure de regarder en lui et autour de lui. C'est un cœur qui, à nouveau, est prêt à aimer.

14

Toi, avec moi – moi, avec toi

Après ce grand détour, où en sommes-nous à ce point de notre parcours ? Nous avons exploré le lien d'amour, ses forces et ses faiblesses et comment le travail d'amour est susceptible d'apporter des réponses à la solitude-isolement dans le couple. Nous avons vu également que la confrontation amère à cette solitude mène à la rencontre avec soi, par la reconnaissance d'un autre type de solitude : la solitude fondamentale.

Comment alors tout cela se décline dans la relation ? Comment rendre compatibles, dans le couple, ces différents mouvements entre soi-et-soi et soi-et-l'autre ? Comment s'harmonisent-ils ? Sont-ils compatibles ? Et comment la solitude fondamentale peut trouver sa place au sein du couple ?

Toi avec moi

Vous êtes certainement d'accord sur la nécessité de ces interrogations ; mais une question arrive immanquablement à l'esprit, à un moment ou à un autre : « Certes, je peux parcourir ce chemin intérieur de rencontre avec moi-même, mais qu'en est-il si mon (ma) partenaire ne me suit pas dans cette démarche ? » Il est possible, en effet, que tout ce dont nous venons de parler jusqu'à maintenant ne lui parle pas du tout et qu'il vous rétorque: « OK, c'est sûrement bien. Mais c'est ton truc; moi, ça ne m'intéresse pas. » Cette attitude est-elle un obstacle à l'évolution de votre relation? Non, sinon ce livre n'aurait aucun sens. Bien sûr, vous auriez tout à gagner s'il s'établissait, entre vous deux, une synergie *concertée* de changements, mais si ce n'est pas le cas, la situation est loin d'être désespérée. Souvenez-vous du mobile: changez un point de sa structure et l'ensemble s'en trouve affecté. Je pourrais rajouter ici un constat issu de mon expérience de thérapeute: très souvent, quand une personne change intérieurement, par un travail psychothérapeutique – ou, dans votre situation, par le biais de toute autre démarche –, sa façon d'interagir avec ses proches (et notamment avec son conjoint) change: en effet, il s'opère en elle, et dans la relation, un certain degré de changement, sans qu'eux-mêmes soient impliqués dans un quelconque travail psy. C'est donc la preuve qu'il est possible de modifier les lignes de force d'une relation en en altérant un seul paramètre (vous, en l'occurrence). Vous pouvez donc être l'agent du changement. Je comprends qu'il peut y avoir en vous un sourd ressentiment à être le (la) seul(e) dans la relation à devoir faire des efforts; vous préféreriez que votre partenaire prenne aussi en charge les changements que votre situation actuelle impose. Oui, bien sûr, mais si ce n'est pas le cas, il faut bien partir de là où vous êtes...

Faut-il que votre partenaire entre dans une démarche similaire d'ouverture et de prise de conscience de sa solitude fondamentale pour être au diapason avec vous? Sûrement pas. C'est votre chemin et ce n'est pas obligatoirement le sien. Vous n'avez pas besoin d'intellectualiser votre démarche auprès de lui (elle); il n'est pas nécessaire de passer par une discussion « sérieuse », autour d'une table, en expliquant à votre partenaire les tenants et aboutissants de votre recherche. Non, les mots sont souvent inutiles et cela risque même de mettre de la lourdeur et de la gravité là où il n'y en a pas ! Car l'exploration de la nature profonde de votre être n'est pas quelque chose de mental ou de conceptuel, c'est, au contraire, *quelque chose qui se vit.* C'est une expérience qui s'incarne dans le quotidien, par des mots certainement, mais peut-être plus par des attitudes et des comportements. En fait, le vécu de votre solitude fondamentale au sein de votre relation est d'une déconcertante simplicité. Elle transparaît dans la douceur d'une conversation paisible au coin du feu, dans l'intimité silencieuse d'un voyage en voiture, dans cette paix tranquille qui monte en soi quand on consent à vivre l'instant présent, sans lui demander qu'il soit autre que ce qu'il est. C'est si facile et si compliqué à la fois. Si facile et évident quand l'amour s'écoule sans heurt ; si compliqué et source d'efforts quand il faut rattraper des années de lien rompu.

Je voudrais aussi revenir sur le désir qu'on peut avoir que son partenaire change (ou qu'il (elle) soit activement acteur du changement dans la relation). Un point important est à comprendre : l'être humain ne change psychiquement que s'il décide, en son for intérieur, de changer. Je dirais même qu'il ne change que *s'il est, de l'intérieur, contraint au changement.* Il n'entre pas dans une démarche de changement sous la pression d'une force extérieure, aussi aimante et positive soit-elle. La plupart du temps, c'est parce que nous sommes intérieurement *en souffrance* que nous prenons la décision de nous engager dans une dynamique de changement. Nous ne le faisons pas parce qu'on nous le demande ; nous nous y engageons parce que nous nous sentons trop mal en nous : voilà la véritable motivation ! Donc, ce n'est pas parce que vous demanderez à votre partenaire de lire ce livre avec vous et de s'atteler au même travail que vous qu'il (elle) vous répondra favorablement. Entendez bien qu'il ne s'agit pas nécessairement d'un manque d'amour de sa part : il (elle) ne ressent peut-être pas le besoin ou la nécessité de cette démarche, même s'il est évident pour vous qu'il est grand temps de changer sa manière de fonctionner dans la relation. Pour résumer : votre partenaire va accepter de changer 1. s'il (elle) est tellement mal, en lui (elle), qu'il (elle) n'a pas d'autre choix (cela va lui demander un travail conscient et volontaire) et/ou 2. il (elle) va changer *en s'ajustant à vos propres changements* (ceci sera très inconscient de sa part et cela vous donnera une grande marge de manœuvre). Le message est donc clair : laissez tranquille votre compagne ou votre compagnon ! Le Mahatma Gandhi a énoncé un puissant postulat pour inviter le peuple indien à prendre son destin en main, en dépit de l'opposition britannique : « Devenez vous-même le changement que vous souhaitez voir advenir dans le monde. » Cet enseignement est source d'une grande force et d'une grande détermination : incarnez donc vous-même le changement que vous souhaitez voir advenir dans votre relation. Mais pour cela, donnez-vous du temps pour que tout ceci trouve sa juste place et son juste rythme. Et regardez ce qui se passe entre vous.

Se donner de l'espace... à soi, à l'autre

Prendre conscience de votre solitude fondamentale et la faire exister au sein de votre couple implique que vous lui accordiez de la place dans votre existence, au cœur même de votre relation. Cela commence très concrètement par l'identification d'un endroit – ou des endroits – où la vivre.

Certains privilégient des lieux extérieurs à leur domicile : un petit café tranquille où ils ont leurs habitudes, un parc, un endroit spécifique au bord d'un chemin de campagne ou au milieu d'une forêt, etc. Ils s'y rendent très régulièrement seuls, pour prendre du temps avec eux-mêmes, pour lire, pour écrire, pour penser, des endroits extérieurs pour marcher ou rester assis, pour regarder ce qui se passe au-dedans et au-dehors, pour observer, pour respirer, pour faire silence... Il est important de bien distinguer ces lieux de quiétude des autres lieux de loisirs – comme aller dans une salle de sport par exemple : ce sont, bien sûr, des endroits et des activités qui ressourcent, mais on y *fait* quelque chose et ce n'est pas tout à fait la même chose ; c'est différent de se rendre dans ses lieux de solitude choisie où l'objectif est plutôt d'être que de faire.

D'autres choisissent de s'aménager un espace privé dans leur domicile. On constate néanmoins que, chez eux, peu de couples se créent des coins bien à eux pour exister tranquillement dans leur solitude respective. Ainsi, par défaut, quand cet espace n'est pas bien identifié, certains n'ont pas d'autre recours, pour répondre à ce besoin, que de se l'aménager psychiquement. Ainsi, par exemple, monsieur se cale devant sa télévision ou se plonge dans son journal, dès qu'il rentre du travail, non pas tant nécessairement par intérêt pour le programme télé ou les nouvelles du jour, mais bien pour se déconnecter de son environnement et retrouver son lieu intérieur. Incidemment, la plupart du temps, il n'a même pas conscience que c'est cela qu'il recherche. Il ressent le besoin d'un break par rapport à l'extérieur et il se retire spontanément en lui pour se retrouver et faire la transition entre le cadre professionnel et l'ambiance familiale. C'est la même chose pour son épouse qui revient de sa journée de travail ; elle a tout autant besoin de son espace, de son sas de transition afin d'être disponible à ses proches. Pour l'un et pour l'autre, ce temps de retour intérieur se réduit malheureusement au minimum vital : ils n'y consacrent que quelques minutes – une heure au maximum – et ils s'étonnent après quelques années d'être devenus étrangers à eux-mêmes ! Comment pourrait-il en être autrement ?

Si cette déconnexion temporaire par rapport à l'extérieur n'est pas comprise ou respectée par l'un ou l'autre des conjoints, elle peut être ressentie comme une rupture du lien, alors qu'il n'en est rien. Il en résulte un agacement croissant, avec des plaintes répétées sur l'indisponibilité du conjoint dès qu'il (elle) arrive à la maison. Le problème est que, plus le (la) partenaire fait pression, moins l'autre a envie de se reconnecter à l'environnement du couple, celui-ci étant progressivement perçu comme envahissant, voire même persécuteur… ce qui renforce le désir de retrait. En partant de l'expérience des couples qui parviennent à respecter ce « sas » mental, sans faire pression pour que le (la) partenaire soit aussitôt disponible dès qu'il (elle) retrouve la vie domestique, on constate que la relation est soumise à beaucoup moins de stress.

On mesure aussi la difficulté à trouver cet espace quand il y a des enfants car ils sollicitent les parents dès qu'ils mettent un pied à la maison. En l'absence d'alternative, beaucoup de parents optent pour le sacrifice de leur espace intérieur personnel, mais, à long terme, on constate qu'un manque se fait toujours sentir et un sentiment de frustration, d'envahissement ou de débordement peut s'installer insidieusement au fil des années. Le juste compromis n'est pas toujours facile à trouver ; cela demande une réelle concertation entre les deux partenaires, impliquant une vraie conscience mutuelle de l'importance d'un temps et d'un espace pour l'un et pour l'autre.

D'une manière plus générale, la nécessité d'un espace uniquement psychique est rarement perçue

– même si on la revendique. Dès lors, il est plus judicieux de désigner, dans la maison ou l'appartement, un endroit spécifique qui signifie clairement quand on s'y installe : « J'ai besoin d'être seul, ici, pendant quelques instants. » C'est la meilleure solution, dans la mesure où l'on n'abandonne pas l'autre, pendant des heures, aux exigences familiales. Un endroit, même très petit, peut convenir : un atelier, un coin de son jardin, de son bureau ou de sa chambre à coucher, un espace spécialement aménagé sous les combles peut être instauré comme votre lieu de solitude choisie, un lieu où l'on convient l'un et l'autre que personne ne viendra faire intrusion. En fait, peu importe la forme que prend cet espace privé, il constitue un endroit où l'autre n'est pas et où il n'existe pas – non pas parce qu'on le rejette mais parce qu'on a décidé ensemble qu'il n'y avait pas sa place. C'est d'ailleurs ce thème que développe John Gray dans *Les hommes viennent de Mars, les femmes viennent de Vénus* : il décrit combien les hommes ont besoin de se retirer dans leur « grotte », avant d'être pleinement disponibles à leur compagne. Dans le cas contraire, ils se sentent envahis et ils se referment dans leurs retranchements, au plus grand désespoir de cette dernière. Le repli dans la « grotte » n'est pourtant pas un abandon, c'est une nécessité psychique, même si je pense que ce besoin de retrait temporaire n'est pas uniquement l'apanage des hommes.

Les peurs de votre conjoint

Quelle que soit la forme que puisse prendre le retrait dans votre espace privé, il faut garder à l'esprit que votre conjoint est susceptible de s'en inquiéter. S'il ne comprend pas votre démarche et ce qui la motive, il peut craindre que ce retrait traduise un début de désamour à son égard. À l'extrême, les conjoints les plus dépendants émotionnellement peuvent véritablement paniquer, la moindre prise de distance de leur partenaire étant vécue comme un abandon. De même, votre conjoint peut s'inquiéter des changements qu'il (elle) voit survenir en vous : vous revendiquez plus d'espace de liberté, vous gagnez en autonomie, vous vous accordez de longs moments de solitude choisie, vous consacrez plus de temps à votre développement personnel, que ce soit par la lecture, l'écriture, le sport, l'engagement associatif. Cela est peut-être en rupture avec votre mode de fonctionnement antérieur et c'est certainement très – ou trop – nouveau pour lui (elle). Comme vous ne semblez plus vouloir passer autant de temps avec lui, son petit vélo intérieur se met en route et il ne peut pas s'empêcher d'y percevoir du désintérêt à son égard ! Il peut même considérer que vos temps de solitude choisie constituent une trahison de votre couple et cela peut le conduire à tout faire pour vous empêcher de prendre du temps pour vous, tant il craint confusément d'y voir le prélude à la fin de votre couple.

Si votre partenaire prend peur, il (elle) a, à ce moment-là, besoin de votre aide. Un gros travail d'explication et de clarification s'avère parfois nécessaire – ce livre pourra vous y aider. Essayez sincèrement de vous mettre à la place de votre conjoint afin d'entendre et de comprendre ses craintes. La plupart du temps, vous vous rendrez compte qu'il (elle) a juste besoin d'être rassuré. En même temps, rassurez-le (la)… mais pas trop ! Souvenez-vous de ce que nous avons dit au sujet du désir et de la motivation au changement : le désir naît du manque, ou de la frustration, ou de la crainte de perdre et le changement n'est décidé que si on se sent fragile, vulnérable ou en souffrance. De là, si votre conjoint cesse de croire que vous êtes acquis(e) et qu'il réalise qu'il est tout à fait possible que vous preniez un autre chemin que celui que vous parcourez aujourd'hui avec lui (elle), il (elle) sera plus enclin(e) à considérer plus sérieusement votre volonté de changement dans votre couple car il (elle) se sentira sur la corde raide. Maintenez donc une certaine tension. Ce n'est pas un manque d'amour, ce n'est pas de la manipulation ; mais à un moment donné, il (elle) doit se positionner : « Je te choisis, ou pas ; je construis avec toi, ou pas. » La demi-teinte n'est plus de mise. D'ailleurs, vous savez bien où mène la demi-teinte : à la solitude-isolement ! Ainsi, la tension que vous allez générer, en ne rassurant pas trop votre partenaire, peut créer un niveau (modéré) de souffrance qui peut l'inviter – ou le contraindre – au changement. Réfléchissez à cela…

Restituer de l'espace à votre partenaire

Vous donner de l'espace implique que vous en accordiez également à votre partenaire. C'est l'exact corollaire de ce que vous vous donnez à vous-même.

« Pour moi, donner de l'espace à mon homme, confie une jeune femme, c'est accepter qu'il existe ailleurs sans moi, qu'il rencontre des gens que je ne connais pas nécessairement et que, surtout, j'éprouve un authentique plaisir à ce qu'il se fasse plaisir. C'est accepter de ne pas tout savoir de lui, de ne pas être dans une transparence systématique sur ce qu'il fait et qui il voit. Je crois que cela est possible parce qu'il m'accorde la même liberté et que ni lui ni moi nous ne nous sentons en danger dans l'exercice de cette liberté. Je pense que cela est lié au fait que notre relation est fondée sur la confiance. »

La confiance est bien évidemment le mot-clé car, sans confiance, rien n'est possible. Si la confiance est morte dans le couple, tout ce qui va suivre perd de sa pertinence.

Faire confiance, en lui laissant son espace, n'est pas chose facile. En effet, faire confiance à son (sa) partenaire, c'est accepter, le plus sereinement possible, de le (la) laisser avoir une existence autonome par rapport à soi, la capacité à vivre le « moi, sans toi » et le « toi, sans moi » étant le signe d'une bonne santé relationnelle. Cela demande une certaine maturité dans la façon d'interagir l'un avec l'autre et c'est un challenge inhérent à toute relation. L'enjeu est de faire coexister la vie de couple avec une vie indépendante de l'un et de l'autre (autre que professionnelle) ; une vie sociale, intellectuelle, artistique, associative... où chaque partenaire existe ailleurs, dans un ailleurs où l'autre n'apparaît pas. Très concrètement, c'est le fait d'avoir des amis et des activités séparés, en parallèle aux connaissances et aux loisirs communs, « je » parvenant à exister tout autant que « nous ». Indéniablement, chacun y gagne :

> Quand je vois des gens différents – que mon épouse ne connaît pas – et que je fais des choses sans elle, cela permet l'expression de certains aspects de ma personnalité qui ont du mal à trouver leur place dans notre relation. Cela m'a pris du temps à comprendre car je croyais qu'il y avait un problème entre nous. Mais j'ai finalement compris qu'une seule personne ne peut pas répondre à 100 % des besoins relationnels d'une autre, même si c'est la personne que j'aime.

Ce témoignage fait écho à ce qu'écrit Serge Hefez dans *La Danse du couple* : « Ce qui enrichit chaque partenaire peut devenir un plus pour la relation et donc un plus pour l'autre[1]. » Il est important, en même temps, de trouver la juste limite et de ne pas perdre de vue là où vous placez ses priorités. En effet, il est très facile de laisser sa vie personnelle prendre le pas sur sa vie de couple en légitimant cela par la nécessité d'une vie privée où l'autre n'apparaît pas. Mais à trop faire disparaître l'autre, certains en oublient la relation ! Rien d'étonnant qu'après un cer-

1. Hefez S., *op. cit.*

tain temps le lien d'amour en pâtisse… Se donner de l'espace et donner à l'autre de l'espace doit, à mon sens, impérativement se faire dans le cadre du travail d'amour. Sans ce cadre de référence, tous les dérapages sont possibles.

Nous avons vu que le fait de vous accorder de l'espace peut faire peur à votre partenaire. Mais il faut être lucide sur le fait que le (la) laisser vivre sa vie teste aussi vos propres capacités d'adaptation ! En effet, en laissant votre conjoint se frotter au monde extérieur, il va nécessairement croître, grandir, changer. Vous aussi, de votre côté, vous allez bouger et évoluer. Il va donc être indispensable de vous ajuster constamment l'un à l'autre et de développer, entre vous, une fluidité relationnelle qui vous permet d'être raccord, d'instant en instant, avec vos changements respectifs. La peur peut donc être, pour vous, un obstacle au fait de laisser l'autre vivre sa vie. Si vous accordez de l'espace à votre partenaire, vous redoutez peut-être qu'il (elle) y prenne goût ; il (elle) peut même vous quitter, s'il (elle) trouve mieux ailleurs ! Qui sait, vous pouvez même craindre qu'il (elle) n'interprète l'espace que vous lui laissez comme un désintérêt de votre part. Ainsi, donner de l'espace à l'autre implique que vous acceptez de courageusement regarder vos peurs, vos zones d'insécurité, vos blessures, vos jugements négatifs sur vous-même… Laisser de l'espace à l'autre est, en quelque sorte, une épreuve qui vous impose une mise à plat de vos fragilités et de vos limites intérieures, tout en étant une invitation à les dépasser.

Vivre des temps de solitude à deux

Maintenant que vous avez trouvé votre espace et que vous laissez votre partenaire trouver le sien, qu'en est-il de votre relation ? La suite logique serait d'essayer de vivre des temps de solitude à deux… sans pour autant prendre peur et sans que ressurgisse le vécu de solitude-isolement. Quelle forme cela peut-il prendre ? Comment cela va-t-il se décliner dans la relation ? C'est évidemment à chaque couple d'inventer sa propre histoire et de voir ce qui est possible pour lui, mais quelques pistes méritent d'être envisagées.

Pourquoi, par exemple, ne pas tenter l'expérience de temps seuls, à deux ; des temps vraiment habités et délibérément choisis par l'un et par l'autre ? Vous pouvez bien sûr créer des circonstances extraordinaires (au sens premier de « hors de l'ordinaire ») pour vous retrouver seuls ensemble : des marches silencieuses dans le désert du Sinaï, ou même une retraite silencieuse dans un monastère (oui : cela existe !), mais l'ordinaire a tout autant à vous apprendre – si ce n'est plus : aller marcher dans la forêt, sans se parler, s'arrêter et se serrer dans les bras ; réapprendre à se toucher, surtout si cela fait longtemps que vous avez oublié de le faire et sans vous engouffrer immédiatement dans un rapport sexuel. Vous pouvez aussi décider d'un week-end, à la maison ou ailleurs, sans enfants, sans télé, sans ordinateur, sans projet spécifique, en choisissant ensemble de vous affranchir de toute nécessité de vous parler. Pour être ensemble et communiquer autrement, pour lire, faire la cuisine, écrire, jardiner, faire l'amour, en vous assurant qu'il ne s'agit pas d'une fuite par rapport au silence que vous instaurez entre vous.

Dans ces moments ordinaires et extraordinaires, regardez vivre votre partenaire du coin de l'œil. Essayez de le (la) contempler avec un regard neuf, comme si vous voyiez cette personne pour la première fois. Essayez de retrouver ce que vous avez un jour aimé chez elle, ce qui vous a séduit et ce qui est peut-être aujourd'hui fané ou oublié. Regardez-la réellement, en vous arrêtant sur ce que vous pensez d'elle et comment vos pensées influencent votre attitude à son égard. Et aussi, dans ces moments de solitude à deux, sentez l'ennui qui peut monter en vous, sentez également la paix ou, au contraire, l'angoisse qui s'installe. Regardez cela, ressentez, en essayant de ne rien faire pour chasser ces ressentis. Certains moments passés ainsi seront denses et pleins, d'autres seront creux et sans relief ; certains seront inspirants, d'autres vous sembleront absurdes ou vides de sens. Laissez faire ; ne vous mettez pas systématiquement en réaction ou en force par rapport aux événements, adoptez cette attitude méditative qui consiste à regarder sans nécessairement agir. Laissez passer. Laissez le temps s'écouler, seuls, ensemble. Faites cette expérience.

« Aimer quelqu'un, c'est honorer sa solitude et s'en émerveiller. [...] L'amour que je ressens pour un être ne met pas fin à ma solitude mais il l'enrichit, l'enchante et la fait rayonner. L'être aimé serait paradoxalement celui avec qui j'ai envie d'être seule [...]. Ce n'est pas l'amour qui brise la solitude, c'est la solitude qui rend possible l'amour [...]. Envisager chaque être comme une solitude, comme un monde à part, est le plus grand respect que nous puissions lui accorder[1]. »

1. Kelen J., *op. cit.*

15

Un pont d'amour

Que se passe-t-il quand vous vous retrouvez seul(e) avec votre conjoint et quand vous vivez l'instant, conscient de votre solitude fondamentale ? Toutes les conditions sont réunies pour que vous soyez plus en mesure d'appréhender cette personne d'une manière différente, en la regardant en profondeur, là où pulse sa propre solitude fondamentale.

Il est vrai que, très souvent, cette dimension ne vous apparaît que de façon furtive, en creux, ou en filigrane, à travers toute l'agitation que votre partenaire déploie pour la mettre à distance et ne pas la rencontrer. « On ne voit bien qu'avec le cœur, l'essentiel est invisible pour les yeux », affirme le Renard du *Petit Prince*. De fait, l'essentiel de votre conjoint est parfois extrêmement bien dissimulé sous les couches sédimentaires du quotidien… Il est certainement difficile de percevoir la dimension intérieure de votre partenaire quand votre compagne porte ses bigoudis et qu'elle a les jambes rougies par la cire épilatoire ou quand votre compagnon s'époumone devant un match de Ligue 1. C'est incontestablement un des plus grands défis du couple, dans la routine des jours qui passent, que de parvenir à appréhender cette personne dans son être profond, en dépit de tout ce qu'elle nous montre à voir d'elle dans ce qu'elle a de plus banal ou de plus trivial. L'amour est aveugle dans les premiers temps de la relation, mais sa vision devient particulièrement aiguë au fil du temps ! C'est alors un tour de force de continuer à croire qu'un diamant se cache sous la peau épilée ou les beuglements. Mais la vérité est que ce diamant existe bel et bien.

Car, même si les pierres précieuses de vos êtres respectifs sont enfouies dans la vase du métro-boulot-dodo, la nature intrinsèque de ce que vous êtes fondamentalement l'un et l'autre n'est en rien altérée, quoi que vous fassiez, quoi que vous pensiez : c'est quelque chose qui est là par nature, par le fait même que vous existiez, que vous soyez vivants. Ainsi, même si votre relation a viré à l'amer depuis plusieurs années et même si l'un et l'autre vous vous êtes abandonnés dans la négligence et l'oubli de soi, il n'en reste pas moins que vos diamants intérieurs sont intacts ; il ne peut en être autrement. Ils sont comme les fresques d'une tombe égyptienne qui révèlent aujourd'hui leur beauté intacte, alors qu'elles sont restées, pendant vingt siècles, dans le silence et l'oubli. Le travail d'amour est ce qui permet de conserver la fraîcheur du regard que l'on porte sur l'autre – et, vous le savez bien : ce n'est pas peu dire qu'un effort réellement colossal est nécessaire quand tout autour de vous ne semble parler que de médiocrité ou d'ennui… Le travail d'amour s'ancre pourtant dans la certitude qu'il y a toujours quelque chose à voir chez l'autre, même si on a l'impression d'en avoir fait le tour. Là, vous trouvez la force et la conviction de plonger votre main dans la vase afin de retrouver vos pierres précieuses. Là, vous comprenez que ces efforts en valent la peine car, sitôt nettoyés, vos diamants retrouvent leur éclat d'origine.

Et ainsi, en restant ancré dans la conscience aiguë de votre propre solitude fondamentale et de celle de votre conjoint, vous commencerez à voir l'espace qui vous sépare. Cet espace est la pierre d'achoppement de votre relation : il se construit au fil de toute histoire d'amour qui unit deux êtres et votre relation en a impérativement besoin pour pouvoir exister. Je ne connais de mots plus justes pour exprimer cette idée que ceux de Khalil Gibran dans ce trésor de sagesse qu'est *Le Prophète*. C'est à la fois le constat de cet espace et une invitation à le cultiver et à le préserver :

> « Aimez-vous l'un l'autre, mais ne faites pas de l'amour une entrave :
> Qu'il soit plutôt une mer mouvante entre les rivages de vos âmes.
> Emplissez chacun la coupe de l'autre, mais ne buvez pas à une seule coupe.
> Partagez votre pain, mais ne mangez pas de la même miche.
> Chantez et dansez ensemble et soyez joyeux, mais demeurez chacun seul,
> De même que les cordes d'un luth sont seules cependant elles vibrent de la même harmonie.
>
> Donnez vos cœurs, mais non pas à la garde l'un de l'autre.
> Car seule la main de la Vie peut contenir vos cœurs.
> Et tenez-vous ensemble, mais pas trop proches non plus :
> Car les piliers du temple s'érigent à distance,
> Et le chêne et le cyprès ne croissent pas dans l'ombre l'un de l'autre[1]. »

L'espace que vous percevez entre vous est ce qui permet le mouvement, la créativité, la respiration dans votre couple. C'est comme une plage où se succèdent marée haute et marée basse : je suis avec toi, je suis sans toi, je suis avec toi, je suis sans toi. Il est indispensable pour que chacun trouve sa juste place. *C'est la*

1. Gibran K., *Le Prophète*, Le Livre de poche, 1996.

conscience du territoire de votre propre solitude fondamentale qui rend possible l'exploration de votre relation et ainsi, loin de vous couper de votre partenaire, la pleine intégration, dans votre vie, de votre solitude est, en fait, votre point d'ancrage, votre point d'amarrage qui rend possible l'exploration de votre lien d'amour. En vérité, la solitude fondamentale en est le fondement, et le contact conscient que vous établissez avec elle garantit la pérennité de ce lien. *La solitude fondamentale est le point d'origine qui vous permet d'aimer.*

Et finalement, cet espace se *construit-il* vraiment ? En effet, c'est comme si, quand vous prenez de l'espace par rapport à votre conjoint et que vous lui laissez prendre le sien, un autre espace – *cet autre espace* – se manifestait spontanément. Un espace entre vos deux solitudes qui aurait toujours été là mais que vous ne parveniez peut-être pas à voir clairement jusqu'à maintenant. Que vous dit-il ? Qu'il y aura toujours une distance entre vous et cette personne que vous aimez. Une distance incompressible, infranchissable, comme si votre solitude était au cœur de la sphère de votre être et que la solitude de votre partenaire était au cœur de sa propre sphère : les deux sphères ne peuvent pas fusionner. Vos deux points de solitude ne peuvent pas se rejoindre ; elles resteront à tout jamais à distance l'une de l'autre, du fait de l'« épaisseur » de vos sphères respectives. Il serait vain d'espérer qu'il puisse en être autrement.

Oui : il y a quelque chose de douloureux dans cette prise de conscience. Comme le renoncement définitif à un lointain espoir, le deuil sans appel de toute velléité de fusion de l'un avec l'autre : je prends conscience que je suis « moi », seul(e) au cœur de moi-même et que tu es « toi », seul(e) au cœur de toi-même. Et moi, je vis avec toi. De là, je sens que tu resteras toujours pour moi une interrogation qui ne trouvera jamais de réponses. Je sais maintenant que tu me seras toujours inaccessible, au-delà de ce que nous partageons ensemble. C'est troublant de me dire que je ne pourrai jamais toucher la solitude de ton être et que je ne peux qu'être le spectateur – un peu impuissant – de cette dimension de toi-même. Je ne peux qu'être au plus proche de toi – mais pas aussi proche que je voudrais parfois l'être – quand, par exemple, tu as mal ou quand tu as peur. Je ne suis pas toi. Je n'aurai jamais accès à ton expérience intérieure : c'est ta part de mystère ; c'est le lieu ultime de ta solitude, ce qui fait de toi un être unique au monde.

Ce n'est peut-être qu'à ce moment-là que l'amour vous apparaît sous un jour que vous ne lui connaissiez pas.

L'amour, ce serait comme un pont : un pont que vous construiriez ensemble, et qui enjamberait l'espace qui vous sépare l'un l'autre, reliant les territoires de vos deux solitudes. Un pont entre ces deux rives qui ne peuvent se rejoindre ; un pont qui abolit – mais sans la faire disparaître – l'inaliénable distance qui vous sépare, tout en rendant possible la circulation harmonieuse des sentiments et des émotions. Ce pont signe la conscience de l'autre, fondamentalement différent de soi. Il dit que l'on peut s'inviter l'un l'autre à explorer ses territoires respectifs, tout en sachant que chacun doit toujours rentrer chez lui, à un moment ou à un autre. Et que tout est bien ainsi.

Mais la vie est tout autant faite de soleils radieux que de violents ouragans. La pluie, la glace, le vent abîment tout pont que l'on abandonne à lui-même. Sans soin, sans « maintenance », le pont se fissure au fil du temps, il se dégrade lentement et, alors qu'on le croyait solide au point de penser qu'il n'était pas nécessaire de s'en occuper, le pont se fragilise tant et si bien qu'on n'ose plus l'emprunter… Ainsi, ce pont – le pont d'amour – a besoin qu'on prenne soin de lui et qu'on l'entretienne sans relâche, encore et encore. Il nécessite les outils du travail d'amour. Sans la vigilance du travail d'amour, le pont risque d'un jour de s'effondrer : on reste alors là, les bras ballants, à regarder, des rives de sa solitude, le territoire de l'autre où l'on ne peut plus se rendre ; on voudrait bien y retourner, mais on ne sait plus comment : c'est la triste expérience de la solitude-isolement. On comprend alors combien on a été fou de négliger le travail d'amour…

Parce que je vis avec toi

Vous êtes dans le canapé, à côté de votre compagnon. Vous avez éteint la télé et vous vous regardez en silence.

Il voit en vous votre lumière, vos zones d'ombre, les années de conflit et de solitude que vous avez traversées ensemble. Il vous voit dans ce que vous n'avez pas pu lui donner et ce que vous lui offrez au-delà de ses espoirs les plus fous. Il voit ces frustrations qui vous font partir en vrille au point d'en devenir odieuse, mais il voit aussi votre puissance tranquille qui sait l'apaiser quand il est au bord du gouffre. Il vous voit dans tout ce que vous êtes et dans la quiétude et le bonheur que vous savez lui apporter, jour après jour. Il voit tout cela et son cœur s'ouvre.

Vous le regardez et vous le voyez dans cet incompréhensible intérêt pour les séries télévisées les plus ineptes ; vous le voyez père de vos enfants, génial et maladroit, fiable et protecteur ; vous le voyez dans son incapacité génétique à ranger ses chaussettes et dans sa fierté à vous emmener en vacances à l'autre bout du monde ; vous le voyez fragile, désespérément humain, mais incroyablement tendre, sincère, honnête, derrière sa carapace. Vous le voyez dans tout ce qu'il est et dans le bonheur qu'il vous apporte, jour après jour. Vous voyez tout cela et votre cœur s'ouvre.

Vous réalisez alors que prendre soin de vous, c'est prendre soin de lui – et prendre soin de lui, c'est prendre soin de vous. Ce n'est pas l'un puis l'autre ; ce sont les deux en même temps, de façon simultanée. Vous réalisez que plus vous êtes en amitié avec vous-même, plus votre lien d'amour se nourrit de cette amitié. Vous comprenez que vous connecter à vous-même, c'est vous connecter à votre partenaire – et vous connecter à votre partenaire, c'est vous connecter à vous-même. Ces mouvements intérieurs s'interpénètrent, se font écho et se confondent. Ils se nourrissent l'un l'autre, sans pouvoir distinguer si l'un précède l'autre. Ils deviennent indissociables.

Conscient(e) de tout cela, prenez alors soin de votre compagnon, prenez soin de votre compagne. Décidez, au plus profond de vous-même, de lui donner l'espace, la joie, la liberté, la tendresse, la patience, le respect, la confiance, la gentillesse, le pardon dont il (elle) a besoin.

Décidez de lui donner votre amour et donnez sans compter, en dépit des conflits et des rancœurs. Prenez le risque d'aimer. Et ainsi, vous ferez votre propre bonheur.

Annexe

Quelques livres pour aller plus loin

Le couple

BRENOT P., *Inventer le couple*, Odile Jacob, 2003.
DURET P., *Le Couple face au temps*, Armand Colin, 2007.
GOTTMAN J.-M. et SILVER N., *Les couples heureux ont leurs secrets*, J.C. Lattès, 2008.
GRAY J., *Les hommes viennent de Mars, les femmes viennent de Vénus*, J'ai lu, 2003.
HEFEZ S., *La Danse du couple*, Hachette littératures, 2002.
MALAREWICZ J. A., *Le Couple : 14 définitions*, Robert Laffont, 1999.
MALAREWICZ J. A., *Repenser le couple*, Robert Laffont, 2001.
MAZELIN SALVI F., *Vivre zen à deux*, Presse du Châtelet, 2005.
NEUBURGER R., *Les Nouveaux Couples*, Odile Jacob, 1997.
PASINI W., *Le Couple amoureux*, Odile Jacob, 2004.
PINES A. M., *L'Usure du couple*, Paris, 2000.
ROSENBERG M., *Les mots sont des fenêtres. Introduction à la communication non violente*, La Découverte, 2005.
SALOMÉ J., *Éloge du couple*, Albin Michel, 1998.

L'amour

BENSAID C., *Histoires d'amours, histoire d'aimer*, Robert Laffont, 1996.

BENSAID C. et LELOUP J.-Y., *Qui aime quand je t'aime ?*, Albin Michel, 2005.

CHAPMAN G., *Les Langages de l'amour*, Farel Éditions, 1995.

CORNEAU G., *N'y a-t-il pas d'amour heureux ?*, Robert Laffont, 1999.

DELAHAIE P., *Comment s'aimer toujours*, Le duc éd., 2006.

DELAHAIE P., *Ces amours qui nous font mal*, Marabout, 2007.

FISHER H., *Pourquoi nous aimons*, Robert Laffont, 2004.

FRADOT M., CHINÈS D., *Pourquoi lui, pourquoi elle ?*, Lattès, 2005.

HALPERN H. M., *Choisir qui on aime*, éd. de l'Homme, 1994.

KAUFMANN J.-C., *La Femme seule et le prince charmant*, Nathan, 1999.

LAMY L., *L'amour ne doit rien au hasard*, Eyrolles, 2006.

LOVE P., STOSNY S., *Ne dites plus jamais « Chéri, faut qu'on parle ! »*, Michel Lafon, 2007.

MARSHALL A., *Je t'aime mais je ne suis plus amoureux. Que faire quand la passion n'est plus au rendez-vous*, Marabout, 2007.

NEUBURGER R., *On arrête ? On continue ?*, Payot, 2002.

NORWOOD R., *Ces femmes qui aiment trop*, J'ai lu, 1986.

SHOSHANNA Brenda, *Le Zen et l'Art de tomber amoureux*, Pocket, 2003.

THICH NHAT HANH, *Enseignements sur l'amour*, Albin Michel, 2004.

WILSON SCHAEF A., *S'épanouir dans des relations non dépendantes*, Le souffle d'or, 1993.

La solitude

La Grâce de la solitude, Albin Michel, « Espaces libres », 2001.

CONTARDO-JACQUELIN D., *Solitudes subies, solitudes choisies*, Oskar Éditions, 2007.

FABRE N., *La Solitude*, Albin Michel, 2004.

KELEN J., *L'Esprit de solitude*, Albin Michel, 2005.

KRISHNAMURTI, *De l'amour et de la solitude*, Stock, 1998.

LANE J., *Les Pouvoirs du silence*, Belfond, 2006.

MOORE T., *Care of the Soul*, Harper perennial, 1992.
STORR A., *Solitude, les vertus du retour à soi*, Robert Laffont, 1991.
VALTIER A., *La Solitude à deux*, Odile Jacob, 2003.

Prendre soin de soi

Alcooliques Anonymes, *Douze étapes et douze traditions*, éd. AA, 1983.
ANDRÉ C., *Imparfaits, libres et heureux*, Odile Jacob, 2006.
ANDRÉ C. et Lelord F., *L'Estime de soi*, Odile Jacob, 1999.
BEATTIE M., *Vaincre la codépendance*, Pocket/Lattès, 1991.
BENSAID C., *Aime-toi, la vie t'aimera*, Robert Laffont, 1992.
BRADSHAW J., *S'affranchir de la honte*, éd. du Jour, 1994.
CHASSÉRIAU N., *Sagesse chinoise au quotidien*, Hachette, 2005.
CHÖDRÖN P., *Entrer en amitié avec soi-même*, La Table ronde, 1997.
COVEY S., *Les Sept Habitudes de ceux qui réalisent tout ce qu'ils entreprennent*, First, 1989.
CYRULNIK B., *Les Nourritures affectives*, Odile Jacob, 1994.
DESJARDINS A., *Pour une vie réussie, un amour réussi*, La Table ronde, 1985.
DESJARDINS A., *Les Chemins de la sagesse*, La Table ronde, 1972.
DOWLING C., *Le Complexe de Cendrillon*, Grasset, 1985.
FILLIOZAT I., *Trouver son propre chemin*, Belfond, 1991.
GIBRAN K., *Le Prophète*, Le Livre de poche, 1996.
GOLEMAN D., *L'Intelligence émotionnelle*, J'ai lu, 1998-1996.
JANSSEN T., *Vivre en paix*, Robert Laffont, 2003.
JEFFERS S., *Tremblez mais osez*, Marabout, 1987.
JUNG C. G., *Psychologie et Religion*, Buchet-Chastel, 1937.
LELOUP J.-Y., *Manque et Plénitude*, Albin Michel, 1994.
LOREAU D., *L'Art de la simplicité*, Robert Laffont, 2007.
MONBOURQUETTE J., *De l'estime de soi à l'estime du soi*, Novalis, 2002.
PECK S., *Le Chemin le moins fréquenté. Apprendre à vivre avec la vie*, J'ai lu, 2004.
RICARD M., *Plaidoyer pour le bonheur*, Nil, 2003.
SAINT JAMES E., *Inner Simplicity*, Hyperion, 1995.
SAINT PAUL J. de, *Estime de soi, confiance en soi*, Intereditions, 2004.

Sharma R., *The Greatness Guide*, Harper & Collins, 2006.
Viorst J., *Les Renoncements nécessaires*, Robert Laffont, 1988.
Watts A., *La Philosophie du tao*, Le Rocher, 2000.
Winnicott D. W., *Le Processus de maturation chez l'enfant*, Payot, 1970.

La méditation

Bouflet J., *Guide des lieux de silence*, France Loisirs, 1997.
Cash A., *La Méditation pour les nuls*, Éditions Générales First, 2005.
Kabat-Zinn J., *Où tu vas, tu es*, J'ai lu, 1994.
Rinpoché S., *Le Livre tibétain de la vie et de la mort*, La Table ronde, 1992.
Shunryu S., *Esprit zen, esprit neuf*, Le Seuil, 1977.
Thich Nhat Hanh, *Soyez libre là où vous êtes*, Dangles, 2003.

Remerciements

Un grand merci aux personnes, patients, amis qui m'ont accordé leur confiance, en partageant avec moi l'intimité de leur vécu de couple, ainsi que leur expérience de la solitude-isolement. Cet ouvrage n'existerait pas sans eux.

Je tiens aussi à remercier Laurence Ravier et toute l'équipe du site web de *Psychologies Magazine* de m'avoir permis de lancer un appel à témoignages sur le thème : « La solitude dans le couple » avec un retour considérable de la part des internautes que je remercie également ici très chaleureusement.

Merci aussi aux différents « bureaux » parisiens où ce livre a été écrit : le Café Beaubourg (Paris 2e), La Chaise au plafond (Paris 3e), le Café du Trésor (Paris 3e), l'hôtel Amour (Paris 9e) et Le Corso (Paris 9e).

Table

Annexe

Du même auteur

Vivre le deuil au jour le jour
Albin Michel, 1995

Vivre ensemble la maladie d'un proche
Albin Michel, 1998

Le Couple brisé,
de la rupture à la reconstruction de soi
Albin Michel, 2002

Après le suicide d'un proche,
vivre le deuil et se reconstruire
Albin Michel, 2007

www.christophefaure.com

Dans la même collection

Hommes et femmes face au deuil
Nadine Bauthéac

La vie en maison de retraite
Claudine Badey-Rodriguez

Vivre le grand âge de nos parents
Anne Belot et Joëlle Chabert

Le diagnostic anténatal
Dr Clarisse Foncacci

L'attente et la perte du bébé à naître
Micheline Garel et Hélène Legrand

Mal de mère, mal d'enfant
Catherine Garnier-Petit

Quand la mort sépare un jeune couple, le veuvage précoce
Corine Goldberger

Une nouvelle vie pour les seniors, psychologie de la retraite
Philippe Hofman

Des nuits sans insomnie,
pour en finir avec les troubles du sommeil
Dr François Marchand
et Françoise du Sorbier

Réussir sans se détruire,
des solutions au stress du travail
Dr Christophe Massin
et Dr Isabelle Sauvegrain

Composition IGS-CP
Impression : Imprimerie Floch, février 2009
Éditions Albin Michel
22, rue Huyghens, 75014 Paris
www.albin-michel.fr

ISBN : 978-2-226-18753-6
N° d'édition : 25702 – N° d'impression : 73102
Dépôt légal : mars 2009
Imprimé en France.

R.C.L.

JUIN 2009

A